中国电动汽车充换电基础设施产业发展报告

（2024）

中国电动汽车充电基础设施促进联盟◎组编

邹朋　仝宗旗　李康◎编著

Chinese Electric Vehicles
Charging and Swapping Infrastructure Industry Development Report
（2024）

机械工业出版社
CHINA MACHINE PRESS

《中国电动汽车充换电基础设施产业发展报告（2024）》由中国电动汽车充电基础设施促进联盟组织电动汽车充换电上下游企业、行业组织、研究机构等经共同研判分析编制，主要内容包括充换电基础设施产业发展情况、充换电基础设施年度政策要点分析、充换电技术和标准体系、充换电商业模式实践总结、充换电行业竞争分析、充换电服务平台运营分析、充换电行业运维服务体系构建、充换电安全保障体系构建、充换电行业发展展望，并汇总了 2023—2024 年 9 月的充换电相关政策以及基础设施、随车充电桩统计数据。

　　阅读本书，读者能够了解电动汽车充换电基础设施行业现状、政策支撑、信息服务、设备供应、安全防护等方面内容，为本行业、本企业重大决策提供参考。

　　本书适合新能源汽车产业相关政府部门、充换电运营商、充换电设备制造商、新能源汽车企业、新能源汽车研究和金融机构工作人员阅读参考。

图书在版编目（CIP）数据

中国电动汽车充换电基础设施产业发展报告. 2024 /
中国电动汽车充电基础设施促进联盟组编 ；邹朋，仝宗
旗，李康编著. -- 北京 ：机械工业出版社，2025. 2（2025. 5重印）.
ISBN 978-7-111-77699-4

Ⅰ. F426.471

中国国家版本馆CIP数据核字第2025P537P6号

机械工业出版社（北京市百万庄大街22号　邮政编码100037）
策划编辑：母云红　　　　　责任编辑：母云红　巩高铄
责任校对：潘　蕊　张昕妍　　责任印制：郜　敏
中煤（北京）印务有限公司印刷
2025年5月第1版第2次印刷
169mm×239mm・8.75印张・109千字
标准书号：ISBN 978-7-111-77699-4
定价：139.00元

电话服务　　　　　　　　网络服务
客服电话：010-88361066　　机　工　官　网：www.cmpbook.com
　　　　　010-88379833　　机　工　官　博：weibo.com/cmp1952
　　　　　010-68326294　　金　书　网：www.golden-book.com
封底无防伪标均为盗版　　机工教育服务网：www.cmpedu.com

编 委 会

主　　任：付炳锋

副 主 任：王　耀　　杨中平　　邹　朋　　仝宗旗
　　　　　李　康

专家顾问：李建锋　　于德翔　　邵丹薇　　刘大伟
　　　　　郑隽一　　周显涛　　田　华　　肖　铮
　　　　　徐桂娟　　戴宝林　　彭　鹏　　万　明
　　　　　魏文深　　马华杰　　张　伟　　张俊峰
　　　　　李　彪　　王　冲　　方向亮　　郑灵国
　　　　　林　鑫　　张　帆

委　　员：徐　梦　　赵安琪　　李　杨　　张　强
　　　　　黄瑀宣　　安弘毅　　唐艳梅　　张　存
　　　　　何　乐　　蔡垚涵　　王颖欣　　程立法
　　　　　徐艳新

参编单位

中国汽车工业协会

中国电力企业联合会

国家电网有限公司

中国电力科学研究院有限公司

中国汽车技术研究中心有限公司

国网智慧车联网技术有限公司

南方电网电动汽车服务有限公司

浙江省轨道交通和能源业联合会新能源汽车供能分会

特来电新能源股份有限公司

万帮数字能源股份有限公司

国网湖北电力有限公司武汉供电公司

北京小桔新能源汽车科技有限公司

蔚来汽车科技有限公司

国家电投绿电交通产业创新中心

中国石油化工集团有限公司

中国石油天然气股份有限公司规划总院

国际铜业协会

中电车联信安科技有限公司

华为数字能源技术有限公司

公牛集团股份有限公司

支付宝（杭州）信息技术有限公司

开迈斯新能源科技有限公司

北京豪能汇新能源科技有限公司

奥动新能源汽车科技有限公司

江苏云快充新能源科技有限公司

时代电服科技有限公司

深圳驿普乐氏科技有限公司

深圳市车电网络有限公司

厦门深蓝动力科技有限公司

北京世纪云安新能源有限公司

新电途科技有限公司

山东积成智通新能源有限公司

上海启源芯动力科技有限公司

冀中能源峰峰集团有限公司

前　言

我国新能源汽车渗透率逐年提升，2024 年上半年有 3 个省份渗透率超过 50%，15 个省份渗透率超过 40%，我国新能源汽车产业进入高速发展阶段。作为新能源汽车补能的基础和保障，我国高度重视充换电基础设施产业发展，中央部委开始分场景、分区域补齐充换电基础设施短板，提升充换电服务保障能力。在政策的指导下，电动汽车充换电行业还在不断提升充电服务水平，探索新技术和模式的创新应用，持续优化充电基础设施网络布局，以应对日益增长的电动汽车保有量和用户需求。

2023 年 6 月，国务院办公厅印发《关于进一步构建高质量充电基础设施体系的指导意见》，为电动汽车充换电产业向智能化、高质量方向升级发展提供了依据。电动汽车充换电行业发展也迎来了新的机遇和挑战：一是行业竞争加剧，充电运营、设备、零部件领域的利润率被压缩，充换电产业发展更加注重产业链协同，各充电运营商也开始朝上下游进行业务拓展；二是新技术、新模式未来的市场化存在不确定性，有待市场进一步验证，各运营商需加强对不同场景充电模式的研究，合理配建充换电服务网络；三是应高度重视充电安全，在考虑产业发展的同时兼顾安全防护。

本书旨在对 2023 年至 2024 年 9 月我国充换电行业的发展情况进行梳理、归纳、总结，提炼行业在此期间取得的成绩，并对 2025 年度的重点工作提出建议。《中国电动汽车充换电基础设施产业发展报告》自 2016 年以来已经发布了 7 期，主要包含：产业现状、政策体系、技术标准、商业模式、安全保障体系、充电信息平台、发展展望等内容。希望本书能够为行业从业人员提供参考，并能为相关主管部门提供政策制定建议，同时促进行业交流，为推动解决行业问题提供助力，为经验分享提供平台。

由于编者水平有限，书中疏漏之处在所难免，恳请读者批评指正。

编　者

目　录

前　　言

第一部分　　　　　　（一）新能源汽车产业发展现状 / 001
充换电基础设施　　（二）充电基础设施产业现状 / 005
产业发展情况　　　（三）换电服务网络现状 / 018

第二部分　　　　　　（一）政策重点推进方向 / 022
充换电基础设施年　（二）政策趋势 / 026
度政策要点分析

第三部分　　　　　　（一）标准体系发展总结 / 029
充换电技术和标准　（二）团体标准的作用 / 031
体系　　　　　　　　（三）充电技术发展情况 / 033

第四部分　　　　　　　（一）模式介绍 / 035
充换电商业模式　　　（二）不同商业模式的适用场景 / 040
实践总结

第五部分　　　　　　　（一）充电市场结构 / 043
充换电行业竞争　　　（二）主要竞争方式 / 045
分析　　　　　　　　　（三）竞争发展趋势 / 048

第六部分　　　　　　　（一）充电信息平台基本情况介绍 / 050
充换电服务平台　　　（二）不同平台的发展路径 / 051
运营分析

第七部分　　　　　　　（一）运营管理 / 055
充换电行业运维　　　（二）运维服务 / 058
服务体系构建　　　　　（三）设备维修 / 060

第八部分
充换电安全保障
体系构建

（一）动力电池安全 / 062

（二）设备安全 / 063

（三）连接安全 / 064

（四）数据安全 / 066

第九部分
充换电行业发展
展望

（一）规模预测 / 067

（二）大功率以及自动充电技术将加速
　　　推广应用 / 068

（三）设备质量大幅提升 / 069

附　录

附录 A　2023 年充换电相关政策 / 071

附录 B　2024 年 1—9 月主要充换电相关
　　　　政策 / 117

附录 C　截至 2024 年 9 月公共充电基础设施
　　　　分区域统计数据 / 126

附录 D　截至 2024 年 9 月随车充电桩分区域
　　　　统计数据 / 128

2024

中国电动汽车充换电基础
设施产业发展报告

第一部分
充换电基础设施产业发展情况

（一）新能源汽车产业发展现状

1. 2023—2024 年新能源汽车产业分析

公安部数据显示，截至 2023 年年底，全国新能源汽车保有量达 2041 万辆，占汽车总量的 6.07%；其中纯电动汽车保有量为 1552 万辆，占新能源汽车保有量的 76.04%。2023 年新注册登记新能源汽车 743 万辆，占新注册登记汽车数量的 30.25%，与 2022 年相比增加 207 万辆，增长 38.76%，从 2019 年的 120 万辆到 2023 年的 743 万辆，呈高速增长态势。截至 2024 年 6 月底，全国新能源汽车保有量达 2472 万辆，占汽车总量的 7.18%。其中，纯电动汽车保有量为 1813.4 万辆，占新能源汽车总量的 73.35%（图 1-1）。

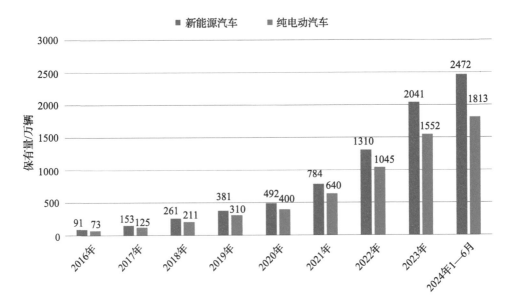

图 1-1   2016—2024 年 6 月新能源汽车保有量

注：数据来源于公安部公开数据。

中国汽车工业协会数据显示，2023 年，我国新能源汽车产销量分别完成 958.7 万辆和 949.5 万辆，同比分别增长 35.8% 和 37.9%，市场占有率达到 31.6%。其中，新能源商用车产销量分别占商用车产销量的 11.5% 和 11.1%；新能源乘用车产销分别占乘用车产销量的 34.9% 和 34.7%。2024 年 1—9 月，我国新能源汽车销售 832 万辆，同比增长 42.3%（图 1-2）。

2023 年纯电动汽车的销售占比有所下降（图 1-3），插电式混合动力汽车由于结合了纯电动汽车和燃油汽车的优点，既可以在市区短距离行驶时使用电力，又可以偶尔用油进行长途行驶，解决了纯电动汽车的续驶里程焦虑问题，因此受到消费者的欢迎。2024 年插电式混合动力汽车的销售占比进一步提升，1—9 月销量占比接近 40%。

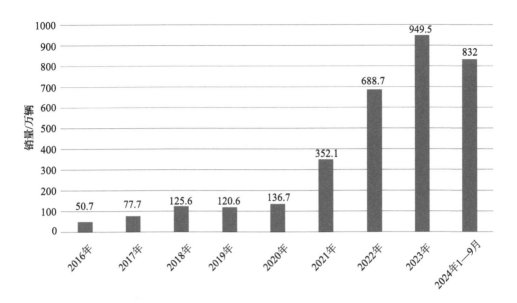

图 1-2　2016—2024 年 9 月新能源汽车销量

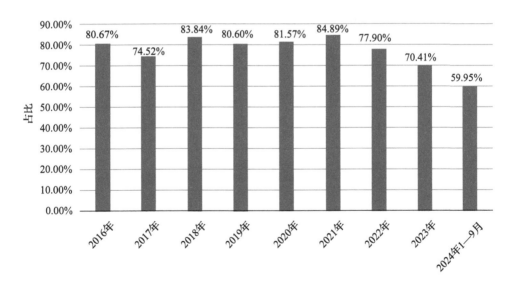

图 1-3　2016—2024 年 9 月纯电动汽车销售占比

2. 新能源汽车推广应用特点

一是新能源汽车私人消费占比大幅提升。国家发展和改革委员会公开信息显示，"十三五"期间，我国新能源汽车私人消费占比为 47%，"十四五"初期占比增长至 78%；网络数据显示，2023 年新能源汽车私人消费占比接近 90%，成为新能源汽车市场的主力军。

二是充电便捷性成为新能源汽车推广的制约因素之一。虽然我国已经建成了全球最大的充换电服务网络，但是部分场景仍然存在服务短板。例如高速公路服务区，在重大节假日高速公路服务区充电需求猛增，无法满足用户远距离出行时的充电需求；在县乡区域，公共充电基础设施建设不足，无法支撑乡村新能源汽车大规模消费等。

三是汽车企业为了提升新能源汽车销量，开始加速布局大功率充电服务网络。上汽、广汽、蔚来、理想等主流汽车企业均开始规模化投建充换电服务网络。

3. 电动重型货车销量情况

从近几年的销量走势来看，2022 年国内纯电动重型货车销量为 19312 辆，其中，换电重型货车占比为 47.0%，相较于 2020 年纯电动重型货车 2584 辆的销量和换电重型货车 23.7% 的占比有显著增加，说明换电重型货车开始步入良性增长轨道。

进入 2023 年度，各地促进新能源重型货车发展的政策纷纷出台，车电分离等新型商业模式的出现，使新能源重型货车的销量快速提升。根据终端上险数据 ⊖（不含军车、出口车辆），2023 年 1—12 月，新能源重型货车共销售 34560 辆，同比增长 35.65%。新能源重型货车累计销量实现

⊖　上险数据指新车销售时的机动车交通事故责任强制保险投保数据，可直观反映市场终端销量。

快速增长，其中 12 月销量达 6278 辆，创历史月销量新高。2023 年 1—12 月，新能源重型货车销量最多的车型为纯电动（不含换电）车型，占比 46.38%，换电车型位居第二，占比 42.52%；换电车型在牵引车中的占比超过五成（50.02%），在自卸车中有 54.06% 为换电车型。

（二）充电基础设施产业现状

1. 充电基础设施产业发展分析

截至 2023 年年底，我国充电基础设施保有量达到 859.6 万台，同比增长 64.9%。其中，公共充电基础设施保有量达到 272.6 万台，同比增长 51.6%；私人充电基础设施保有量为 587 万台，同比增长 72%。2024 年 9 月底，全国充电基础设施保有量为 1143.3 万台，其中公共充电设施 332.9 万台，随车配建 810.4 万台（图 1-4）。

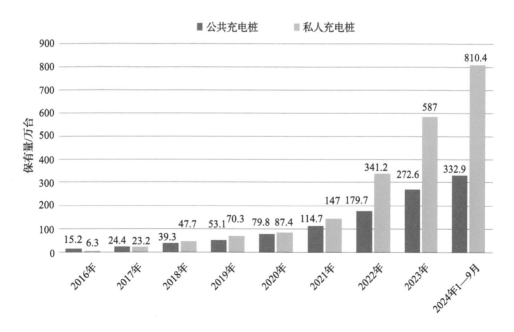

图 1-4　2016—2024 年 9 月充电基础设施保有量

在 2023 年，我国充电基础设施相比于 2022 年的增量达到了 338.7 万台，同比大幅增长 30.5%。其中，公共充电基础设施增量为 92.9 万台，同比增长 51.6%；而私人充电基础设施增量更是达到了 245.8 万台，同比增长 72%。截至 2024 年 9 月，我国充电基础设施相比于 2023 年的增量达到了 283.7 万台，大幅增长了 16.6%。其中，公共充电基础设施增量为 60.3 万台，增长了 22.1%；而私人充电基础设施的增量更是达到了 223.4 万台，增长了 26.4%（图 1-5）。

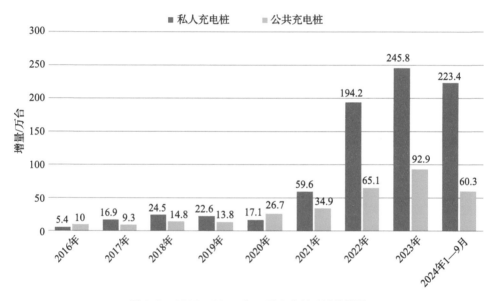

图 1-5　2016—2024 年 9 月充电基础设施增量

2. 公共充电基础设施区域分布

截至 2024 年 9 月底，我国公共充电桩总保有量达到了 332.8 万台。其中，公共直流桩数量为 150.1 万台，占总数的 45.08%；其余 54.90% 为公共交流充电桩，数量达到 182.7 万台（图 1-6）。在全国范围内，公共充电桩保有量排名前十的省份累计占比达到了 69.3%，凸显出一部分地区在公共充电基础设施的投入上明显领先。广东以 19.04% 的占比位居首位，紧随其后的是浙江（占比 8.2%）、江苏（占比 8.1%）、上海（占比 6.2%）、山东（占比 5.4%）、湖北（占比 4.9%）、安徽（占比 4.5%）、河南（占比 4.5%）、四川（占比 4.2%）和北京（占比 4.2%）。在全国主要经济区域中，长三角的公共充电桩占比达到 22.5%，珠三角占比 20.7%，而京津冀区域的占比为 10.1%（图 1-7）。2023 年情况如图 1-8 所示。

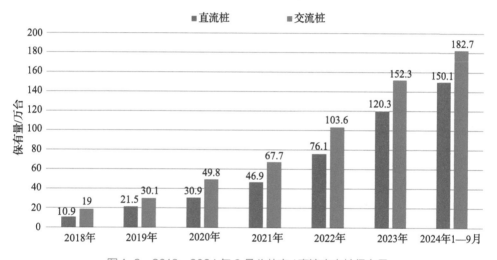

图 1-6　2018—2024 年 9 月公共交 / 直流充电桩保有量

3. 公共充电基础设施运营商分布

中国电动汽车充电基础设施促进联盟（简称充电联盟）对公共充电桩统计数据显示，2023 年 9 月，排名前五的运营商充电桩占比达到 68.8%，排名前十的运营商充电桩占比达到 85.5%，排名前十五的运营商充电桩占比达到 92.5%。据各省充电基础设施监管平台以及充电联盟合作的充电运营平台公司统计，我国充电运营商数量超过 3000 家，其中规模以上（运营充电桩规模超过 1 万台）充电运营商 25 家，充电桩占比达到 97.9%（表 1-1）。

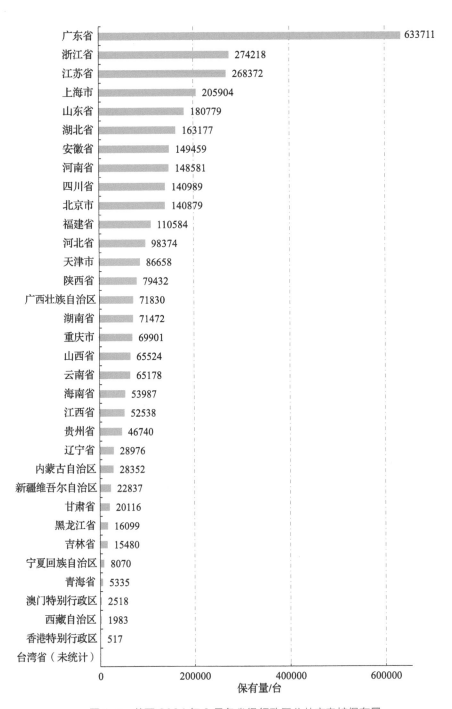

图 1-7　截至 2024 年 9 月各省级行政区公共充电桩保有量

图 1-8 截至 2023 年各省级行政区公共充电桩保有量

表 1-1　截至 2024 年 9 月各充电运营商充电桩保有量

运营商	保有量 / 台	占比
特来电	639719	20.38%
星星充电	584090	18.60%
云快充	556957	17.74%
国家电网	196484	6.26%
蔚景云	183966	5.86%
小桔充电	183934	5.86%
南方电网	90403	2.88%
深圳车电网	87487	2.79%
汇充电	85938	2.74%
依威能源	77346	2.46%
万城万充	53967	1.72%
蔚蓝快充	51125	1.63%
均悦充	39512	1.26%
昆仑网电	37828	1.20%
万马爱充	36320	1.16%
珠海兴诺能源	27421	0.87%
上汽安悦	26382	0.84%
蔚来	21045	0.67%
鲸充	17579	0.56%
京能新能源	15077	0.48%
亨通·任我充	13370	0.43%
开迈斯	13197	0.42%
广汽能源	12514	0.40%

（续）

运营商	保有量 / 台	占比
世纪云安	12221	0.39%
珠海驿联	10126	0.32%
快来充	9559	0.30%
云杉智慧	9167	0.29%
小鹏	7539	0.24%
极氪能源	6801	0.22%
易充网	6558	0.21%
劲桩	4975	0.16%
思极星能	4253	0.14%
中核汇天	3921	0.12%
电王快充	3523	0.11%
飞充网	3444	0.11%
深圳巴士	3025	0.10%
吉智能源	2905	0.09%

注：1. 目前大多数中小微运营商不具备自主搭建运营平台的能力，通过将充电桩接入其他运营商平台代为线上运营。

2. 充电联盟统计数据仅包含"直连数据"，每个充电桩仅直连一个充电运营平台。

4. 主要运营商装机功率情况

充电联盟主要会员单位上报数据显示，截至 2023 年年底，我国公共充电基础设施装机功率达到 8281 万 kW，其中，排名前五的运营商装机功率占比超过 70%（图 1-9）。截至 2024 年 9 月底，我国公共充电基础设施装机功率达到 11364 万 kW，其中排名前五的运营商装机功率占比为 72.0%。国家能源局最新数据显示，截至 2024 年 6 月底，全国公共充电桩额定总功率超过 1.1 亿 kW，保障了 2400 万辆新能源汽车的充电需求。

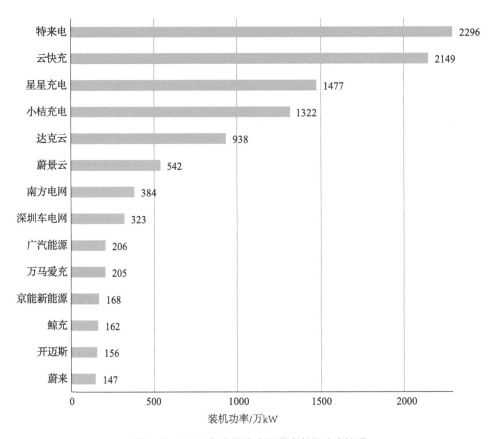

图 1-9　2023 年主要充电运营商装机功率情况

5. 公共充电基础设施充电电量

充电联盟主要会员单位上报数据显示，2023年全国公共充电基础设施完成充电电量359.7亿kW·h，较2022年增长146.5亿kW·h。2024年1—9月全国公共充电设施完成充电电量396.4亿kW·h，较2023年1—9月增长142.4亿kW·h（图1-10）。国家能源局披露数据显示，2024年上半年，全国新能源汽车充电量约513亿kW·h，同比增长40%。

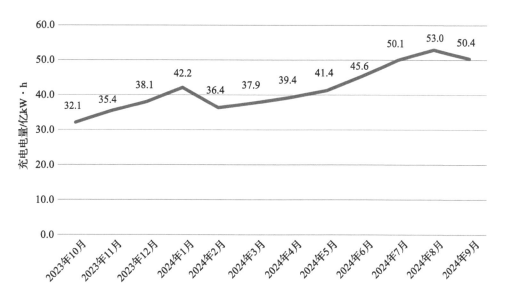

图 1-10　2023 年 10 月—2024 年 9 月公共充电设施充电电量

充电联盟统计数据显示，2024 年 9 月，全国公共充电桩完成充电电量 50.4 亿 kW·h，其中广东省以 10.4 亿 kW·h 的充电电量位居全国首位，占全国充电总量的 20.7%（图 1-11）。

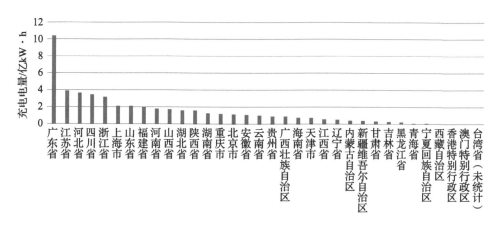

图 1-11　截至 2024 年 9 月各省级行政区充电电量

6. 县乡区域充电基础设施建设情况

充电联盟主要会员单位上报数据显示，截至 2023 年年底，我国县级以下公共充电桩 [○]总数仅占全国公共充电桩总数的 11.28%，县级以下公用充电桩 [○] 总数占全国公用充电桩总数的 12.11%；县级以下直流充电桩总数占全国直流充电桩总数的 14.51%，交流充电桩总数占全国交流充电桩总数的 9.47%。截至 2024 年 9 月底，我国县级以下公共充电桩总数仅占全国公共充电桩总数的 12.53%，县级以下公用充电桩总数占全国公用充电桩总数的 13.03%；县级以下直流充电桩总数占全国直流充电桩总数的 15.53%，交流充电桩总数占全国交流充电桩总数的 10.07%。

7. 高速公路服务区充电基础设施建设情况

截至 2023 年年底，全国共有 6328 个服务区配建了充电设施，占服务区总数的 95%，北京、上海、河北、安徽等 15 个省份的高速公路服务区已全部具备充电能力。2023 年年底各省份高速公路服务区充电停车位数量见表 1-2。

表 1-2　2023 年年底各省份高速公路服务区充电停车位数量

序号	省份	已建设充电停车位总数 / 个	已建设及预留建设充电停车位的服务区数量 / 个
1	北 京	301	23
2	天 津	343	55
3	河 北	1714	384
4	山 西	786	168
5	内蒙古	193	114

○　公共充电桩：为社会车辆（全部或部分）提供充电服务，而进行建设运营的充电桩。

○　公用充电桩：完全面向社会车辆服务的公共充电桩。

（续）

序号	省份	已建设充电停车位总数／个	已建设及预留建设充电停车位的服务区数量／个
6	辽　宁	370	141
7	吉　林	335	162
8	黑龙江	107	80
9	上　海	114	24
10	江　苏	1033	199
11	浙　江	1459	221
12	安　徽	1058	244
13	福　建	960	257
14	江　西	1112	228
15	山　东	1818	342
16	河　南	2089	316
17	湖　北	1270	262
18	湖　南	1119	279
19	广　东	2155	402
20	广　西	1981	304
21	海　南	224	33
22	重　庆	576	165
23	四　川	2074	311
24	贵　州	1418	346
25	云　南	3433	351
26	西　藏	0	0
27	陕　西	1109	225
28	甘　肃	272	103
29	青　海	21	11
30	宁　夏	128	36
31	新　疆	323	192
合　计		29895	5978

注：由于统计口径原因，本数据不包含港澳台地区。

8. 公共充电基础设施功率分布

随着新能源汽车续驶里程的增加以及动力电池技术水平的提升，我国新建公共直流充电桩的平均功率逐年上升，2023 年，30kW 及以下充电桩的占比为 5.85%，大于 30kW 且小于或等于 60kW 的占比为 7.67%，大于 60kW 且小于或等于 90kW 的占比为 25.73%，大于 90kW 且小于或等于 120kW 的占比为 2.27%，大于 120kW 且小于或等于 150kW 的占比为 33.83%，大于 150kW 且小于或等于 180kW 的占比为 10.10%，大于 180kW 的占比为 16.55%。2024 年 9 月，小于或等于 30kW 的充电桩占比 8.57%，大于 30kW 且小于或等于 60kW 的占比为 23.28%，大于 60kW 且小于或等于 90kW 的占比为 5.91%，大于 90kW 且小于或等于 120kW 的占比为 32.98%，大于 120kW 且小于或等于 150kW 的占比为 5.91%，大于 150kW 且小于或等于 180kW 的占比为 8.67%，大于 180kW 的占比为 14.68%（图 1-12）。2023 年情况如图 1-13 所示。

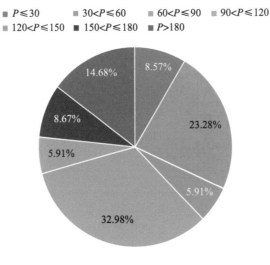

图 1-12　截至 2024 年 9 月充电桩各功率段保有量占比

注：P 为功率，单位为 kW。

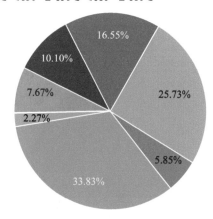

图 1-13　2023 年充电桩各功率段保有量占比

注：P 为功率，单位为 kW。

9. 充电桩电压

随着汽车企业 800V 电压平台车辆的推广应用，我国公共直流充电基础设施也进行了升级改造，2024 年 1—9 月新增的公共直流充电桩中，750V 及以上电压平台的直流充电桩占比超过 99%（图 1-14）。2024 年 9

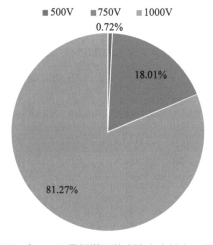

图 1-14　2024 年 1—9 月新增公共直流充电桩电压平台分布情况

月，所有公共直流充电桩中，750V 及以上电压平台的直流充电桩占比为 93.4%（图 1-15）。

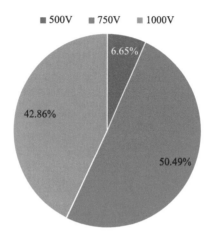

图 1-15　截至 2024 年 9 月公共直流充电桩电压平台分布情况

（三）换电服务网络现状

1. 换电站建设情况

截至 2024 年 9 月，充电联盟内成员单位总计上报换电站 3941 座。所拥有的换电站数量排名前十的省级行政区分别为浙江省 477 座、广东省 460 座、江苏省 399 座、北京市 330 座、上海市 210 座、山东省 199 座、重庆市 173 座、吉林省 163 座、安徽省 152 座、湖北省 147 座（表 1-3）。

表 1-3　截至 2024 年 9 月各省级行政区换电站数量及排名　　　（单位：座）

排名	省级行政区	合计
1	浙江省	477
2	广东省	460
3	江苏省	399

（续）

排名	省级行政区	合计
4	北京市	330
5	上海市	210
6	山东省	199
7	重庆市	173
8	吉林省	163
9	安徽省	152
10	湖北省	147
11	四川省	142
12	河南省	133
13	福建省	121
14	河北省	120
15	陕西省	104
16	湖南省	97
17	云南省	90
18	天津市	73
19	海南省	58
20	广西壮族自治区	54
21	山西省	50
22	江西省	45
23	辽宁省	37
24	贵州省	33
25	内蒙古自治区	30
26	黑龙江省	15
27	宁夏回族自治区	10
28	甘肃省	7
29	新疆维吾尔自治区	6

（续）

排名	省级行政区	合计
30	西藏自治区	2
31	澳门特别行政区	2
32	青海省	2
33	香港特别行政区	0
34	台湾省	未统计
	合计	3941

　　截至 2024 年 9 月，主要换电运营商所拥有的换电站总量如图 1-16
所示。

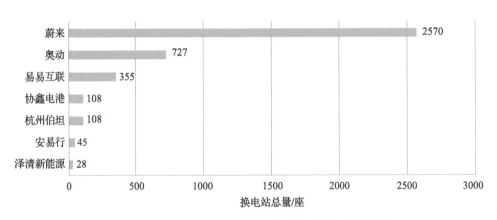

图 1-16　截至 2024 年 9 月主要换电运营商换电站总量

2. 换电电量

　　2023 年充电联盟开始统计乘用车换电电量，2023 年度我国乘用车换电电
量超过 20 亿 kW·h，其中 12 月，我国乘用车换电电量达到 2.3 亿 kW·h。
其中，吉林、重庆、浙江、北京、江苏、广东、上海、湖北、云南、四川等
省级行政区换电电量较多（图 1-17）。

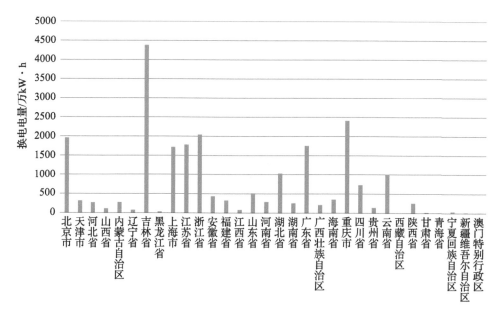

图 1-17 2023 年 12 月各省级行政区乘用车换电电量情况

注：由于统计口径原因，图中数据未包含香港特别行政区、台湾省数据。

第二部分
充换电基础设施年度政策要点分析

（一）政策重点推进方向

经过多年的发展，我国已经形成了"中央政策指导，地方落实实施"的政策推进体系。作为新能源汽车推广应用的重要基础和保障，我国高度重视充换电基础设施网络建设。2023 年以来，中央密集发布了多项政策，全面推进充电基础设施网络建设，构建高质量充电发展体系。

1. 推进充电基础设施产业发展升级转型

作为新能源汽车推广应用的重要基础，我国已经初步建成了较为完善的充换电服务网络。一是充电基础设施数量突破 1000 万台，充电联盟统计数据显示，截至 2024 年 7 月底，全国充电基础设施数量达到 1060.4 万台，其中，公共充电设施 320.9 万台，随车配建充电设施 739.4 万台；二是参与充换电运营的主体多元化，参与充换电场站运营的单位有传统能源企业、汽车企业、房地产企业、互联网企业、充电设备企业、停车运营单位等；三是运营模式更加丰富，社区"统建统营"模式、移动充电模式、虚拟电厂模式等创新模式开始应用。但是面向新能源汽车未来的发展，我国充电基础设施仍存在布局不够完善、结构不够合理、服务不够均衡、运营不够规范等问题。2023年6月，《国务院办公厅关于进一步构建高质量充电基础设施体系的指导意见》（国办发〔2023〕19号），要求优化完善网络布局、加快重点区域建设、提升运营服务水平、加强科技创新引领，到2030年，基本建成覆盖广泛、规模适度、结构合理、功能完善的高质量充电基础设施体系，有力支撑新能源汽车产业发展，有效满足人民群众出行充电需求。这一政策为我国充电基础设施产业升级转型发展指明了方向。

下一步，我国将重点从以下几个方面推进产业品质提升。一是充电设备质量提升。夯实产业发展基础。构建全产业链、全生命周期质量管理体系，提升产品的可靠性和兼容性；加强充电设备产品标准化体系建设，推动标准的落地实施，提升产品的一致性；鼓励新材料、新工艺的创新应用，通过技术手段提升产品的性能、降低成本；针对不同充电应用场景，开发不同功能属性的充电设备，增强设备的环境适应性。二是加强各地方充电运营管理，规范市场秩序。把好充电场站建设质量关，通过规划引导企业合理投建充换电场站，做到"有人建、有人管、可持续"；规范企业竞争行为，引导行业健康有序发展；明确长期失效充电桩的认定标准和管理办法，建立健全退出机制。三是提升用户充电体验。规范充电基础设施信息管理，统一信息交换协议，推进充换电信息互联互通；加强充电场站运维管理，通过智能化手段，提高充电设备故障恢复效率；组织开展充电场站服务品质评价分级相关工作，推进充电网络服务品质提升。

2. 分场景推进充换电基础设施网络建设

为了补齐充换电基础设施网络建设方面的短板，优化网络布局，中央开始分场景推进充电网络建设。

针对居住区，2022 年 1 月，国家发展和改革委员会、国家能源局等多部门联合印发了《国家发展改革委等部门关于进一步提升电动汽车充电基础设施服务保障能力的实施意见》（发改能源规〔2022〕53 号），从完善居住社区充电设施建设推进机制、推进既有居住社区充电设施建设、严格落实新建居住社区配建要求、创新居住社区充电服务商业模式四个方面加快推进居住社区充电设施建设安装。

针对高速公路服务区及公路沿线，2022 年 8 月，交通运输部、国家能源局、国家电网有限公司、中国南方电网有限责任公司联合发布《加快推进公路沿线充电基础设施建设行动方案》，提出加强高速公路服务区充电基础设施建设、加强普通公路沿线充电基础设施建设、探索推进新技术新设备应用、优化服务区（站）充电基础设施布局、加强服务信息采集与发布、加强充电基础设施运行维护六大任务，有序推进形成"固定设施为主体，移动设施为补充，重要节点全覆盖，运行维护服务好，群众出行有保障"的公路沿线充电基础设施网络。

针对公共机构，2017 年 1 月 13 日，国家能源局、国务院国有资产监督管理委员会、国家机关事务管理局联合印发了《关于加快单位内部电动汽车充电基础设施建设的通知》（国能电力〔2017〕19 号），要求加快推进单位内部停车场充电设施建设、做好配套供电设施改造升级、创新单位充电设施投资运营模式、采取多种措施为职工充电创造有利条件、推进充电基础设施互联互通、加大对单位内部充电设施的政策支持力度、优化完善公共机构节能管理、建立健全单位充电设施安全管理、启动公共机构与国有企业内部充电设施示范建设工作，发挥公共机构（包括各级国家机关、事业单位、团体组织）与国有企业示范带头作用。近期，国家机关事务管理局正在编制新的政策文件，推动公共机构充电基础设施建设。

针对公共领域，2023 年 2 月，工业和信息化部、交通运输部、发展和改革委员会、财政部、生态环境部、住房和城乡建设部、国家能源局、国家邮政局联合发布《关于组织开展公共领域车辆全面电动化先行区试点工作的通知》（工信部联通装函〔2023〕23 号），要求充换电服务体系保障有力，建成适度超前、布局均衡、智能高效的充换电基础设施体系，服务保障能力显著提升，新增公共充电桩（标准桩）与公共领域新能源汽车推广数量（标准车）比例力争达到 1∶1，高速公路服务区充电设施车位占比预期不低于小型停车位的 10%，形成一批典型的综合能源服务示范站。

针对县乡区域，2023 年 5 月，国家发展和改革委员会、国家能源局联合印发《关于加快推进充电基础设施建设更好支持新能源汽车下乡和乡村振兴的实施意见》（发改综合〔2023〕545 号），重点围绕充电设施的规划布局、建设安装、运维服务、电网配套、技术创新五方面提出了要求，要求加快实现适宜使用新能源汽车的地区充电站"县县全覆盖"、充电桩"乡乡全覆盖"；2023 年 12 月，国家能源局综合司发布《关于组织开展"充电基础设施建设应用示范县和示范乡镇"申报工作的通知》（国能综通电力〔2023〕143 号），以扩大农村地区充电基础设施网络为目标，加快构建满足不同地区、不同类型、不同场景充电需求的服务网络，引领充电设施运维和商业模式创新，促进新能源汽车下乡；2024 年 4 月，财政部、工业和信息化部、交通运输部三部门联合印发《关于开展县域充换电设施补短板试点工作的通知》（财建〔2024〕57 号），按照"规划先行、场景牵引、科学有序、因地制宜"的原则，开展"百县千站万桩"试点工程，加强重点村镇新能源汽车充换电设施规划建设。

3. 推进新技术、新模式的示范应用

随着新能源汽车的规模化推广应用，充电服务的场景也逐渐多元化，针对不同用户群体、不同区域、不同场景，各运营商积极探索各类型充电技术和商业模式的创新应用，快速充换电、大功率充电、智能有序充电、无线充电、光储充协同控制等开始广泛推广应用。2023 年 12 月，《国家发展改革委等部门关于加强新能源汽车与电网融合互动的实施意见》（发改能源〔2023〕1721 号），面向未来的新能源汽车发展以及新型电力系统建设，提出构建新能源汽车与供电网络的信息流、能量流双向互动体系的目标。政策要求重点开展以下工作任务：一是协同推进车网互动核心技术攻关，包括核心技术和关键装备；二是加快建立车网互动标准体系，包括双向充放电场景下的充放电设备和车辆技术规范、车桩通信、并网运行、双向计量、充放电安全防护、信息安全等关键技术标准；三是优化完善配套电价和市场机制，探索各类充换电设施作为灵活性资源聚合参与现货市场、绿证交易、碳交易的实施路径。

（二）政策趋势

1. 分级补贴

随着新能源汽车市场的不断扩大，充换电设施的建设和完善成为支持新能源汽车发展的关键环节。近年来，充换电设施奖补政策呈现出对奖补对象进行分级的特点，旨在对优质资源给予更高的补贴金额。这一举措对于推动充换电行业的健康发展具有重要意义。通过分级奖补政策，可以更好地激励各类主体积极参与充换电设施的建设和运营。对于那些在技术创新、服务质量、设施利用率等方面表现出色的奖补对象，给予更高的补贴，有助于提升整个行业的发展水平。例如，北京市对换电设施运营的奖励分为日常奖励和年度奖励，日常奖励标准为 0.2 元 /kW·h，年度奖励标

准根据充换电站考核评价结果分为 4 个等级——A 级、B 级、C 级和 D 级。上海市在充换电基础设施奖补方面也有明确规定，根据考核等级给予不同的度电补贴，将补贴标准分为"一星""二星"和"三星"。2024 年 2 月 6 日成都市印发的《成都市电动汽车充换电设施考核评价实施办法（试行）》和《成都市居民小区充电设施建设运营单位能力符合性评审方案（试行）》中也提到了针对充（换）电场站和建设运营单位分级考核：充（换）电场站考评得分与星级评价标准分为三星级（考评得分 ≥ 85 分）、二星级（考评得分在 75~84 分之间）和一星级（考评得分在 60~74 分之间）；建设单位考核得分与等级评价标准分为 A 级（考核得分 ≥ 90 分）、B 级（核得分在 70~89 分之间）和 C 级（考核得分在 60~69 分之间）。

下一步将进一步细化奖补对象的分级标准，更加精准地对不同表现和水平的主体给予相应补贴，以更好地激励优质资源的投入；同时根据不同地区的发展情况和实际需求，调整地区性奖补政策的具体内容和力度，使其更贴合当地特点。

2. 注重安全

安全是产业发展的生命线，随着新能源汽车及其充电基础设施规模的不断增长，安全问题也备受关注。近期，国家发布强制性国家标准 GB 44263—2024《电动汽车传导充电系统安全要求》、GB 39752—2024《电动汽车供电设备安全要求》，加强充电基础设施侧安全防护水平。各地方也积极完善政府监管平台功能，通过智能化手段对充电运营市场进行监管，排除安全隐患，减少安全事故的发生。

3. 启动立法

为了进一步推动充电基础设施建设运营规范化，部分地方开始尝试通过立法的方式规范充电基础设施建设运营行为，例如，宁夏回族自治区住房和城乡建设厅印发《自治区既有小区增设电动自行车停放充电设施实施方案》（宁建发〔2024〕53号），要求加大联合执法力度，消防、公安、综合执法等部门依据各自部门职责，聚焦高层建筑、老旧小区以及城中村、城乡结合部等重点区域开展常态化联合执法，严格查处电动自行车进楼入户、飞线充电以及占用堵塞疏散通道和安全出口等违法违规行为。广州市为了规范和促进物业小区电动汽车充电设施的建设和管理，满足电动汽车充电需求，促进电动汽车产业高质量发展，发布了《广州市物业小区电动汽车充电设施建设管理规定》，规定物业服务人员不配合、阻挠或者妨碍充电设施建设的，由区住房城乡建设部门责令限期改正；逾期不改正的，处以3千元以上3万元以下罚款；索取不正当利益的，责令限期改正，并处以5万元以上15万元以下罚款；构成犯罪的，依法追究刑事责任；充电设施建设运营企业未按照要求将相关数据上传市充电设施智能管理平台的，由工业和信息化部门责令限期改正；逾期不改正的，处以2千元以上2万元以下罚款。柳州市也发布了《柳州市新能源汽车充电基础设施条例》，该法规是综合性新能源汽车充电设施地方性法规，主要包括职责分工、充电基础设施建设专项规划编制、公共充电网络布局、充电基础设施建设要求、充电基础设施服务平台建设、安全运营维护责任、差别化收费、发展促进等内容。

第三部分
充换电技术和标准体系

（一）标准体系发展总结

1. 标准体系概述

中国电力企业联合会发布的《电动汽车充电设施标准体系》显示，我国已经初步建成覆盖较为齐全的充电基础设施标准体系，涵盖充电设备制造、检验检测、规划建设和运营管理等多个方面，主要解决电动汽车使用过程中的充电安全、互联互通、设备质量、设施规划布局、计量计费等关键问题。标准体系共划分为基础通用标准、电能补给标准、建设与运行标准、服务网络标准4个部分，主要包括传导充电、无线充电、电池更换3个充电技术路线，涉及术语、传导充电系统与设备标准、无线充电系统与设备标准、动力电池箱标准、计量、服务网络等21个专业领域标准。

2. 标准体系内容

一是基础通用标准，主要包括充换电设施术语、图形标志以及信息安全等。该部分标准是为电动汽车充换电基础设施的建设提供规范的基础性定义。

二是电能补给标准，分为传导充电、无线充电和电池更换 3 类技术路线。在传导充电方面，主要包括传导充电系统与设备、传导充电接口及通信、传导充电检测 3 个专业。主要内容包括传导充电系统的通用要求、特殊要求、电磁兼容性要求等；关键充电设备和零部件，如非车载交流 / 直流充电设备、充放电设备等的技术要求；传导充电接口连接装置要求及关键部件之间的通信协议要求；传导充电设施互操作性、协议一致性等的测试方法和检测要求等。该部分标准主要关注传导充电系统与设备的基本参数、功能要求、性能指标、检测试验及接口通信。在无线充电方面，主要包括无线充电系统与设备、无线充电接口及通信、无线充电检测 3 个专业。主要内容包括无线充电系统的通用要求、特殊要求、电磁兼容性要求等；关键充电设备和零部件，如地面设备、车载设备等的技术要求；车载设备与无线充电设备通信协议及互操作性要求；无线充电系统电磁兼容、通信协议、互操作及关键设备的测试方法和检测要求等。该部分标准主要关注无线充电系统与设备的基本参数、功能要求、性能指标、检测试验及通信互操作性。在电池更换方面，主要包括动力电池箱、换电系统与设备、充电设备、换电接口及通信、换电检测 5 个专业。主要内容包括动力电池箱类的编码，动力蓄电池型号、规格及尺寸、检验规则，以及快速更换电池箱通用要求等；快换系统、电池仓、电池架等关键设备的技术要求；动力电池箱用充电机技术要求；电池箱连接器、动力仓总成通信协议等换电接口和通信协议要求；换电系统兼容性测试规范等。该部分标准主要关注换电系统与设备的基本参数、功能要求、性能指标、检测试验及接口通信。

三是建设与运行标准。在规划建设及运行方面，主要包括施工验收、计量、电能质量、与电网互动、运行管理5个专业。主要内容包括计量类标准，涉及非车载充电机计量、交流充电桩计量、电池箱电能计量及直流电表技术要求等；充换电设施电能质量；与电网互动标准，涉及充电设施接入电网技术、试验规范、电网间歇性电源与电动汽车充电协同调度技术等；运行管理类标准，涉及分散充电设施技术、能效等级要求、测评方法、充换电设施规划、充换电设施运行管理等；施工验收类标准，涉及充换电设施建设、充换电设施工程施工和竣工验收等的技术要求。该部分标准构成了一整套充换电建设规范，对充换电站的功能、技术、安全、选址、布局、建设、验收、运行等方面的要求进行了明确和细化。

四是充换电站及服务网络标准。在充换电站及服务网络方面，主要包括充换电站、服务网络2个专业。主要内容包括充换电站的通用技术要求、供电技术、设计规范、监控系统、通信协议等；充换电服务网络的信息交换、运营监控系统、计费控制单元等。该部分标准的作用是促进电动汽车智能充换电服务的创新和进步，规范化充换电运营监控系统及服务网络，同时带动充换电设施、充换电站及车载终端等关联产业的发展，从而推进整个充换电设施、运营监控系统的建设和运营。

（二）团体标准的作用

我国鼓励充电新技术和新模式的推广应用，团体标准在新技术和新模式从示范试点到推广应用的过程中起到了重要作用。中国汽车工业协会组织编制并发布了《电动汽车充电设施及场站测试评价规范》系列标准，通过一系列指标对充电场站服务能力进行分级评价，推动充电运营服务行业的品质提升。

在安全方面，中国消防协会编制了《电动汽车充换电站消防安全技术规范》，规定了电动汽车换电站的选址、总平面布置、建筑防火、设施器材、通风与排烟、电气和消防安全管理等技术要求。中国电工技术学会发布了团体标准 T/CES 249—2023《公共场所电动汽车充电设施涉电安全导则》，规定了公共场所电动汽车充电设施的涉电安全隐患类型、排查要点、整治措施和管理运维要求。

在有序充电方面，中国城市公共交通协会发布了团体标准 T/CUPTA 049—2024《居住区安全智能有序充电系统技术要求》；中国标准化协会发布了 T/CAS 727—2023《居住社区电动汽车智能充电设施设计规范》；江苏省电力行业协会发布了 NB/T 33002—2010《电动汽车交流有序充电桩技术条件》。

在互联互通方面，中国电力企业联合会发布了《电动汽车充换电服务信息交换》系列标准，适用于不同运营商服务平台之间以及与第三方服务管理平台之间的信息交换，为实现电动汽车充换电基础设施的信息服务协同、构建充换电互联互通服务网络奠定了坚实基础。

在规范市场秩序方面，中国标准化协会发布了 T/CAS 840—2024《电动汽车公共充电站运营管理服务导则》，明晰了公共充电站运营过程中所涉及的充电环境、场站标识、运营管理等方面的要求，并完善了有关计量量值规范，有助于提升服务效能。

在大功率充电方面，广东省汽车智能网联发展促进会发布了 T/GAEPA 002—2023《电动汽车超级充电设备与车辆之间的数字通讯协议》，规范了电动汽车超级充电设备与车辆之间的数字通信协议，提升了超充车辆与超充设备的兼容性，提升了超充站的用户充电体验。此外，中国公路学会编制了《高速公路服务区大功率充电设施》等团体标准，在促进行业发展方面也有发挥了重要作用。

在负荷调控方面，中国电工技术学会发布了 T/CES 250—2023《电动汽车可调节负荷调控潜力评估技术导则》，规定了电动汽车可调节负荷调控潜力评估技术的相关要求，包括总体要求、数据采集、可行域评估、关键参数预测和调控潜力聚合等方面的技术要求。

（三）充电技术发展情况

为提升充电的服务品质，充电技术不断更新迭代。当前的智能充电技术主要包括智能充放电技术、大功率超充技术、快速换电技术、自动充电技术、储充协同技术等。

1. 智能充放电技术

电动汽车充放电双向互动技术是电动汽车充电设施今后的发展方向，随着电动汽车充电设施建设和运行规模的不断扩大，电动汽车充放电双向互动技术应用前景逐步显现。涉及电动汽车充放电双向互动技术及标准的路线图已基本明确。实现充放电技术的推广应用还需要进一步研发支持电动汽车充放电的关键设备、完善标准体系等。

2. 大功率超充技术

快速充电对动力电池、整车、充电桩和电网都提出了更高的要求。在动力电池方面，轻量化和能量密度提升是发展方向，实现 3C~6C 充电倍率需要重新制定充电标准，电池热管理也是必须解决的问题。整车方面，电池、电机、电控的控制策略需要重新开发，电压、电流的显著提升要求整车的高压防护等级、热管理性能等安全性能更高。在高压零部件方面，国内的高压零部件生产企业已与各整车制造企业及充电设施制造企业建立了完善的供应体系，但仍需要提升产品的制造工艺和原材料品质。在充电桩方面，设计时需要重新考虑设备元器件的耐电压性能、绝缘性能、线缆质量和粗细、温控性能、兼容性等方面。在电力供应方面，由于超充接入电网的时间较短，随机性、间歇性强，对电网需求响应的能力下降，降低了有序充电的潜力，加大了电网负荷峰谷差，增加了大电网的整体投入，在电力供应紧张时期，易出现过负荷问题。

3. 快速换电技术

换电模式的推广应用需要解决换电电池及换电支架结构标准化、高低压电气接口标准化、电池管理系统（BMS）功能及软件接口标准化等难题；同时，还需要重点研究快速测量和定位技术、车辆姿态的自动识别和测量技术、自动运行和控制技术、对不同电池箱的自适应技术以及安全防护技术，并积极探索退役动力电池的梯次利用，建立合理的产业生态。

4. 自动充电技术

基于具有场景识别、自动定位与连接技术的辅助机械装置，可实现车桩协同自动泊车运动控制与自动充电连接，实现无人、高可靠性、智能化、高适应性的自动充电场景，支持智能充电与用户侧的电能交互，具有车－桩－云在线监测的充电安全断边缘增强功能及共享化应用的充放电装置。

5. 储充协同技术

利用电能储能系统，在电网用电低谷时段存储电能、在电网用电高峰时段输出电能，以降低新能源汽车充电对电网容量的要求；同时，利用光伏发电为充电场站提供额外的清洁电能，从而使充电场站具有降低电网容量、控制电能流动、电能时空转移、场站电能优化的能力，最终达成充电场站投建成本合理及运行效益提升的目的。

第四部分
充换电商业模式实践总结

（一）模式介绍

1. 虚拟电厂

虚拟电厂（Virtual Power Plant，VPP）是通过信息通信技术和软件系统管理分布式能源，作为一个特殊电厂参与电力市场和电网运行调节。虚拟电厂可以看作区域性电能智能管理模式，为输配电网提供管理和辅助服务。对内，它对比较分散的分布式电源、工业可控负荷、商业柔性负荷和储能系统等进行聚合协调和优化控制，实现"源网荷储一体化"。对外，它可以等效为一个可控电源，既可以作为"正电厂"向外供电，又可以作为"负电厂"消纳多余电力，实现削峰填谷，保障电网供需平衡和运行稳定性。

这种商业模式主要包含以下几个特点：一是有序充电，电动汽车作为可调负荷，低谷充电，实现移峰填谷；二是微网光伏，基于分布式光伏场站，形成光储充微电网，实现绿电就地消纳；三是移动储能，将电池在当天的富余电量在用电高峰期释放，形成移动储能网；四是梯次储能，充电站安装梯次电池储能，安全有保障，降低建设成本；五是聚合售电，通过充电网电量聚合及绿电销售，降低用电成本；六是调峰调频，通过充电网、微电网、储能网电量聚合，参与电网辅助服务，实现电网增值；七是车网互动，利用电动汽车响应电网需求侧调度，智能调控，实现能源价值增值虚拟电厂：充电网＋微电网＋储能网，参与电网协同调度。

2. 社区"统建统营"模式

社区"统建统营"模式具有以下特点：通过第三方统筹考虑小区整体充电需求，对社区充电桩统一规划、布局、建设、改造，充分利用社区电力资源；应用智能充电技术实时监控和管理充电状态，实现有序充电，缓解城市供电压力；鼓励汽车企业与充电企业加强合作，鼓励私有充电桩共享利用，并对社区充电桩进行系统化、规范化运维管理，解决充电难题，保障充电安全。

"统建统营"模式的作用，一是便于充电运营企业配合政府和相关组织进行统一标准的建设、备案，对接地方发展和改革委员会的监管平台，完备安全运维和应急标准并广泛实施，保障车主充电安全；二是"多车一桩"的服务模式大幅提升了社会资源、企业资产的利用效率；三是可以通过平台服务端，分析用户充电习惯，编排用户充电时间，动态调节电力平衡，平衡电网负荷压力，提升单桩使用率。

3. 车网互动模式

车网互动是指电动汽车与电网之间进行能量与信息的互动。从能量（电量）流向来看，可分为单向互动，即电动汽车的充电功率受能源聚合平台智能化控制的有序充电，以及除向车辆充电外还可实现车辆向电网放电的双向互动（Vehicle to Grid，V2G）。互动过程中除传递能量，信息也可实现极高频的传递与分析，通过对车、网两侧信息数据的实时监测，实现对电量流向、流量的调节，可赋予电网聚合海量调峰调频资源的能力。在调峰方面，通过在电动汽车停放期间对其充放电功率进行管理，可起到在较长时间尺度下的削峰填谷等作用，同时可通过电价差激励广大电动汽车用户参与到电网需求响应中。在调频方面，电动汽车动力电池天然具备快速响应能力，可为电网提供调频及其他辅助服务。

随着换电模式的推广应用，车网互动也逐渐向站网互动延伸，车站互动＋站网互动（V2S+S2G），总体和 V2G 含义相当，但换电站可以在电网和车辆之间形成需求缓冲，既可以保障电网对于功率调度的确定性要求，又可以通过价格等方式引导车主平衡紧急和非紧急用车需求，让充换电行为更好地与电网供电能力匹配。

4. 换电模式

换电模式是新能源汽车采用底盘或侧向式动力电池包适配换电技术，可自动装卸动力电池包，通过换电站换下虚电量的电池包，迅速换上已经充满电的电池包。简而言之，车辆的备用电池包在换电站集中充电，电量不足时可通过换电机器人快速更换满电电池包，达到及时补能的效果。

换电模式应用主要分为三类，一是充换结合，在换电站内配建充电桩，通过换电站为用户提供快速补能服务，同时，通过充电桩为不支持换电的三方车辆提供补能服务；二是车电分离，主要是用户"买车不买电池"的购车服务，动力电池通过租赁的方式获得，降低了用户的购车门槛，解决了新能源汽车的保值率问题，同时，使得用户可以享受最先进的电池技术；三是电网互动，每一座换电站都可以是一座虚拟电厂，只要条件具备，就能够削峰填谷，调节电网。

5. 光储充一体化模式

光储充一体化模式主要围绕新能源汽车充电开展业务，并借助光伏、储能以提升业务的效益，因此主要应用于具有光伏、储能安装空间和新能源汽车流量的区域。该模式预期利用电能储存系统在电网用电低谷时段存储电能，在电网用电高峰时段输出电能以降低新能源汽车充电对电网容量的要求，同时利用光伏发电为充电场站提供额外的清洁电能，从而使充电场站可以具有降低容量需求、控制电能流动、电能时空转移、场站电能优化的能力，最终达成合理化充电场站投建成本及提升运行效益的目的，比较适用于集中式充电场站、工商业园区、商用住宅等场所。

随着新一代充电技术与新型储能技术的发展，利用储能解决充电站变压器容量不足问题是一个兼具灵活性与低成本的高效解决方案。该方案是基于分布式储能、工业互联网、微电网、大功率电力电子等创新技术，将光伏、储能、大功率超级充电桩集成于一体的标准化智能充电站；采用独立集中式充电堆，根据用户车辆的实际需求来灵活分配充电模块，当多位车主同时充电时，算法可按照平均分配或先到优先等多种方式分配充电功率，实现"有序充电"与"柔性分配"，让充电车主获得最佳的充电体验。同时，该方案还使用了分布式储能，可在配电容量不足的场景中支撑超快速充电的功率需求，并通过"云边端协同"实现峰谷价差、需求响应等策略，帮助充电运营商获得最优的经营效益。

6. 配送式储能移动充电模式

储能移动充电是近年来为了适应电动汽车快速增长与充电基础设施发展不平衡而出现的一种新型充电方式。其主要特征就是先将电网中的电能或其他形式的电能通过电池储存起来，再移动到客户需要充电的地方进行充电。储能移动充电按使用场景分类可分为停车场模式（充电机器人）和城市运营模式（配送式储能移动充电）。**停车场模式**是通过智能驾驶底盘＋储能充电桩技术，使充电桩在停车场可以自动移动到客户停车位置进行充电。用户到达停车场后，扫描车位上设置的二维码或扫描停车场移动充电二维码，输入停车位号及车牌号，充电机器人接收到指令后，移动到车主的停车位，由服务人员插充电枪（充电接头）启动充电，也可由车主自行插充电枪启动充电。充电完成后，用户可自行拔充电枪离开，或者由服务人员拔充电枪。拔充电枪后机器人退出充电状态，自行回到补电点充电，准备给下一位用户服务。**城市运营模式**，即配送式储能移动充电，结合了充电机器人可移动的优点，但不采用移动底盘，而是利用物流手段，采用专用设备，将充电桩送到车主需要充电的地方进行充电（不限于一个停车场内），因此，服务范围明显增加，可实现城市充电面覆盖及充电救援服务。

7. 目的地充电模式

目的地充电是指在新能源车主的日常生活区域内建设充电基础设施，例如在住宅社区、办公区等区域的停车场内建设公共充电桩，为新能源车主提供便利的充电网络。目的地充电建设与运营的重点在于项目拓展、项目施工与充电桩安装、充电桩运营与维护。同时，该模式借助充电运营管理系统，赋能各级充电运营商户进行数字化管理，实现对分散式充电桩的数字化运营、管理、维护，保障车主们充电的安全与稳定。同时，在目的地充电的基础上，还可以通过在充电终端嵌入发光二极管（LED）显示屏或广告灯箱，并与充电 App 互动，拓展精准营销类广告业务等。

8. 应对节假日服务保障的高速公路服务区充电模式

高速公路服务区充电设施是新能源汽车用户城际出行的基础和保障，为应对节假日高速公路服务区充电需求激增的现象，部分运营商积极探索应急移动充电车、移动充电舱、智能移动储能充电机器人等方案，可以灵活运输部署到充电需求激增的充电站，在假期充电高峰提供增援，为长假期间广大新能源车主的出行带来便利。例如山东积成智通等公司研发的智能移动储能充电机器人方案，配备了 193kW·h 的磷酸铁锂电池，可连续为 5 或 6 辆新能源汽车充电，具有占地小、部署灵活、不需要线路和场地改造等优势。作为固定充电桩的补充方式，解除了充电桩与车位的强绑定关系，将"车找桩"变为"桩找车"，可以满足特殊时间段突然增加的充电需求，让充电更加灵活机动。不过充电机器人作为新生代产品，在功能和性能方面还有待不断提升优化。

（二）不同商业模式的适用场景

当前，根据充电区域的不同可将充电场景划分为城市公共充电场景、居住区充电场景、高速公路服务区充电场景、单位内部充电场景、专用停车场充电场景等。

1. 城市公共充电场景

该场景中的充电站主要建设在城市公共停车场、建筑物配建公共停车场、加油站、独立的城市公共用地等地点。该场景以直流快充设备为主，主要服务于私家车、出租车、网约车、物流车等。

目前，虚拟电厂、换电模式、光储充一体化模式、配送式储能移动充电模式等在该场景中的应用较多，随着新能源汽车保有量的不断增长，公共充电场景下的商业模式将更加多元丰富。

2. 居住区充电场景

该场景中的充电设备主要安装在居住区私人停车位、公共停车位，以交流充电设备或者小功率直流充电设备为主，主要服务于居住区用户车辆。

当前，居住区充电仍然以用户报装的私人充电桩为主，社区统建统营模式、目的地充电模式、车网互动模式、配送式储能移动充电模式等还在由模式探索向规模化推广应用过渡的阶段。

3. 高速公路服务区充电场景

该场景中的充电设备主要安装在高速公路服务区，以大功率充电设备为主，主要服务于私家车、运输车辆等。

当前，高速公路服务区以快充服务网络为主，换电模式、光储充一体化模式、应对节假日服务保障的高速公路服务区充电模式也开始逐渐推广应用。

4. 单位内部充电场景

该场景中的充电设备主要安装在写字楼、医院、学校、商业区、文化体育设施、交通枢纽和游览场所等配套建设的内部停车场中，根据单位工作人员充电需求合理配建交流/直流充电设备，主要服务于单位工作人员车辆、公务车辆等。

当前，单位内部主要应用目的地充电模式，虚拟电厂和车网互动模式也在应用探索阶段，也有部分运营商在尝试其他多种充电运营模式的应用。

5. 专用停车场充电场景

该场景中的充电设备安装在专用停车场停车位处，以大功率充电设备为主，为专用车辆提供充电服务，例如公交车停车场。

当前，在专用停车充电场景中，换电模式、光储充一体化模式、车网互动模式、虚拟电厂等模式应用较多。

第五部分
充换电行业竞争分析

（一）充电市场结构

1. 充电运营商类型介绍

2014 年以前，我国充电运营主要由国有企业参与，包括国家电网、南方电网、中国普天、中国石化、中国石油等央企。2014 年，国家放开电动汽车充电市场，允许民营企业参与充电运营，以特来电、星星充电为首的民营企业市场占有率快速提升，充电运营市场形成了国有、民营资本并行的市场格局。截至 2023 年年底，全国公共充电桩中，民营企业经营的占比超过 80%，民营企业成为充电运营市场的主力军（图 5-1）。

2. 行业集中度

我国充电运营市场集中度较高，2023 年年底，我国排名前五的充电运营商市场规模占比为65.2%，排名前十的充电运营商市场规模占比为83.6%。根据充电联盟数据统计，2020年以前，行业集中度相对稳定，前五名运营商的市场占有率高于80%，前十名运营商的市场占有率超过90%。2020年以后，行业集中度逐年降低，尤其是前五名充电运营商的市场规模占比下降明显（图5-2）。

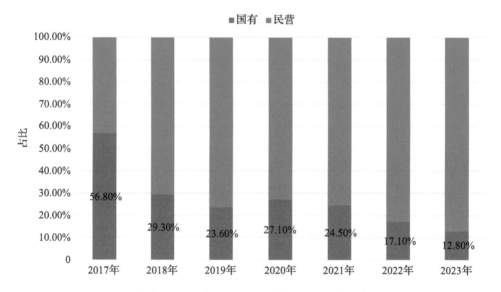

图5-1 2017—2023年充电运营市场国有资本占比

3. 充电服务费价格

我国最早实行充电服务费最高限价政策，2014年，国家发展和改革委员会印发的《关于电动汽车用电价格政策有关问题的通知》（发改价格〔2014〕1668号）指出，2020年前，对电动汽车充换电服务费实行政府指导价管理。充换电服务费标准上限由省级人民政府价格主管部门或其授权的单位制定并调整。当电动汽车发展达到一定规模并在交通运输市场具有一定竞争力后，结合充换电设施服务市场发展情况，逐步放开充换电服务费，通过市场竞争形成。

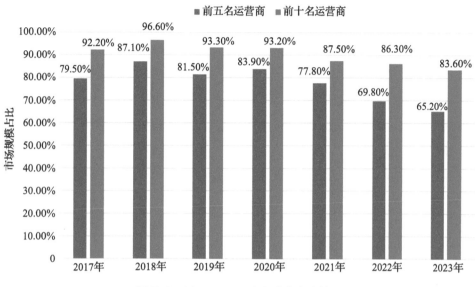

图 5-2　2017—2023 年行业集中度情况

据不完全统计，全国各省市已发布充电服务费价格政策中，河北省的充电服务费上限价格最高，为 1.6 元 /kW·h；重庆市充电服务费的上限价格最低，为 0.336 元 /kW·h。

2018 年，北京市发展和改革委员会印发的《北京市定价目录》指出，电动汽车充电服务费的定价于 2018 年 4 月 1 日起全面放开，这也意味着，北京市对电动汽车充电服务费不再有上限标准，将由市场自由调节。其他各省份也陆续放开充电服务费定价标准，由市场自主定价。

（二）主要竞争方式

目前，全国各地方充电运营市场竞争激烈，主要通过降低服务费价格的形式抢占市场份额。我国充电运营竞争主要经历了三个阶段，第一阶段为市场规模占有率竞争阶段，2018年以前，主流充电运营商通过大规模投建充电场站，迅速抢占优质资源，通过数量规模形成先发优势；第二阶段为争夺用户竞争阶段，各主流运营商借助充电运营平台通过各种激励手段吸引新能源汽车用户注册，各运营商也在获得充电服务费收入的同时，开展大数据价值挖掘等增值业务；第三阶段为充电电量竞争阶段，由于核心城区新能源汽车规模大且车流量较大，核心城区成为各运营商争抢的主要区域，为加速成本回收、维持市场份额，当前各运营商的竞争主要以充电电量竞争为主，通过互联互通平台的助力以及各种促销打折活动，以牺牲充电服务费收入为代价换取充电电量的增长。

1. 价格竞争

当前，充电服务能力依旧是各运营商持续提升运营服务水平的重要基础，也是拓展增值服务的关键支撑。目前，全国各地方充电运营市场竞争激烈，主要通过降低充电服务费价格的形式抢占市场份额、争取更多的充电电量，以维持日常的充电运营，目前，全国各区域的充电服务费价格大多维持在较低水平，为 0.2~0.3 元 /kW·h。

造成价格竞争的主要原因是新能源汽车整体充电需求不足。一是新能源汽车整体规模不足，公安部数据显示，2024年6月底，全国新能源汽车保有量为 2472 万辆，占汽车总量的 7.18%；二是营运车辆是充电电量的主要贡献者，充电联盟统计数据显示，当前公共充电桩的充电电量中超过 50% 来源于营运车辆（出租车、网约车、公交车、物流车等），且该部分车辆对充电价格比较敏感；三是私家车用户充电需求尚未形成规模，当前有 50% 左右的私家车用户安装有私人充电桩，只有不到 50% 的私家车用户在公共充电桩充电，且私家车的充电频次低、单次充电量较低，整体充电需求较小。预计，价格竞争在未来一段时间内仍然是市场竞争的主要手段，尤其是新进入市场的运营单位为了快速提升用户数量以及充电电量，将会以较低的服务价格争取充电电量。

2. 规模竞争

当前，我国充换电市场还处于发展的初级阶段，规模较大的企业在技术、管理、商业模式实践等方面均有较为丰富的积累，在参与市场竞争的过程中具有天然优势。尤其是我国排名前十的充电运营商，是各地方政府、各大型国企央企寻求合作的首选对象。同时，我国鼓励大型企业做优做强，在技术标准、商业模式探索、运营体系建设等方面引领行业发展。

3. 技术竞争

充电行业的技术竞争涉及设备技术和平台技术两方面。

在设备技术方面，充电设备需要解决的最核心的问题之一是散热，散热技术路线有强制风冷散热和液冷散热技术。强制风冷方式是目前市场上的主流技术路线，其结构设计相对简单，成本优势明显，适用范围较广。但风冷充电机一般需要定期清理或更换滤清器，内部环境空气与外部环境连通，灰尘、水汽都比较容易进入充电机内部，造成内部元器件腐蚀、短路等故障，在矿场等恶劣使用环境中影响产品整体使用寿命。为了解决防护性问题衍生出的独立风道散热技术，将功率器件和散热风道进行物理隔离，实现内外部环境的隔绝，实现了产品高防护性能，提高了产品的环境适应性。液冷散热方式，相对于强制风冷散热，技术复杂度及成本均有大幅度增加。采用液冷充电模块方案的充电机，提高了整机防护性并降低了运行噪声，能够给用户带来更好的体验。采用液冷技术的充电枪，不仅能够大幅度提升充电电流，同时也减轻了充电枪重量，提高了线缆的柔软度，提升了用户的充电体验。

平台技术是企业服务竞争的基础，包括实时监控与管理、智能调度与分配、多元化支付集成、导航与位置服务、用户管理与个性化服务、数据分析与报告等。在这些功能的基础上，各企业也通过加强技术研发，开拓了不同的增值服务，包括电池检测、金融服务等。

4. 产业链协同竞争

充电行业的产业链协同竞争主要体现在以下几方面。在产业链上游，主要涉及设备制造商和电力供应商。设备制造商，如充电桩生产企业等相互竞争，不断提升产品性能、质量和智能化水平，以争取更多的市场份额；电力供应商也在竞争中优化供电服务和价格策略。中游的充电运营商是产业链的关键环节，它们在站点布局、运营效率、服务质量等方面展开激烈竞争。不同的运营商通过拓展合作渠道、提升用户体验、创新商业模式等方式，来吸引更多用户和合作方。例如，一些运营商与停车场、商业综合体等合作扩大站点覆盖范围，与新能源汽车企业合作提供专属服务。同时，运营商之间也存在一定的资源整合与协同，比如共建共享充电设施以降低成本。下游的新能源汽车用户则根据自身需求和使用体验，对不同的充电服务进行选择和评价，这也反过来推动产业链中上游主体的竞争和改进。此外，整车企业也会与充电运营商紧密合作，共同推动充电设施的完善和发展，在这个过程中也存在着协同与竞争的关系。

（三）竞争发展趋势

随着越来越多的国企央企进入充换电领域，未来充电市场的竞争将出现以下几个变化。

一是行业集中度降低。行业发展初期，我国排名前五的充电运营商市场占有率超过90%，随着传统能源企业、互联网企业、地产建筑企业、城投单位开始投资建设充电基础设施，行业集中度将进一步降低，预计排名前五的运营商市场占有率将在 2025 年年底下降到 50% 左右。

二是市场竞争将集中在省市或者更小的县级区域市场。我国各地方充电设施发展的政策、市场结构、新能源汽车保有量水平不同，因此，下一步竞争将集中在区域市场。

三是充电服务品质是未来竞争的重点。随着新能源汽车保有量的增长，不同用户群体的差异化充电需求将逐渐凸显，各运营商也将明确自身定位，根据定位人群需求提升充电服务品质。

第六部分
充换电服务平台运营分析

（一）充电信息平台基本情况介绍

在充电运营初期，各主流运营商均建立了自己的充电信息服务平台，主要为自营充电设备提供智能化支撑，成为用户与运营商交互的主要渠道之一。随着新能源汽车规模的不断增长，不同企业平台之间的系统信息互联互通成为提升用户充电便捷性的重要措施，目前已开始有企业探索通过第三方平台整理社会充电设备资源，打造覆盖全国的统一充电运营平台。各地方政府为加强对充电行业的监管，陆续开始搭建政府监管平台，主要对所属范围内的充电设施建设运营进行监督和管理。

1. 政府监管平台

由地方政府主管部门主导、国有资本支持，通过统一平台实现互联互通，注重城市 / 省份充电一张网的布局和发展，同时创新商业模式，精细化运营。当前，全国有超过 29 个省级政府监管平台、超过 45 个市级政府监管平台。

2. 企业运营平台

企业运营平台是由充电运营商建设运营，提供电动汽车充电服务的综合性系统或网络，它包括硬件设施和软件服务，旨在为电动汽车用户提供便捷的充电解决方案，以推动电动汽车的普及和可持续交通的发展。该类平台既可以独立运营，也具备互联互通接入及开放能力，允许不同充电服务提供商之间实现信息共享和网络连接，可以作为更广泛的交通或能源管理系统的一部分与其他平台实现互联互通，主要作用是打破信息孤岛，提高充电网络的覆盖范围和便利性，降低用户的充电焦虑，并促进充电服务市场的健康发展，对于推动电动汽车的广泛应用至关重要。

3. 第三方运营平台

第三方运营平台一般指为充电运营商提供充电信息服务的系统，可提供新能源汽车充电聚合服务。该类平台一般没有自主投建的充换电场站，主要作为流量交互及变现的载体，接入全国各大主流运营商的信息服务系统，提供范围广泛的区域流量平台服务；侧重互联互通接入，串联场站供给方和用户流量，广泛接入各级充电运营商，不断延伸互联互通网络，注重全国充电流量网的连通和布局。

（二）不同平台的发展路径

1. 政府监管平台

早期，各地方政府的监管平台主要是为财政补贴发放提供服务，随着产业发展，各地方政府平台的发展主要有数据统计、支撑规划和政策制定、规范市场秩序几个方向。

2. 第三方运营平台

这里主要针对"聚合平台"进行说明，聚合平台发展一般经历如下几个阶段。

一是基础建设阶段，这个阶段的主要目标是建立充电设备和信息平台之间的基本连接和通信能力，包括建设充电网络的物理连接和通信网络、制定统一的充电数据标准和接口协议，以及确保不同充电设备和服务平台之间的互操作性和数据交换的顺畅性。此阶段还包括建设数据中心和云平台等基础设施，以支持数据的传输、处理和存储。这个阶段平台具备了基本的电力交易基础。

二是数据整合和互联互通阶段，重点是建立面向用户的能源交易基础，整合和互联不同的数据源和充电服务平台，形成聚合的信息展示给用户。要实现数据整合和互联，实现充电设备、电动汽车和用户之间的数据连接，需要建立数据接口和数据交换机制，确保数据传输的安全和可靠。同时，也需要实现不同数据源的数据格式和标准的一致性，以便给用户提供统一的服务体验。在此阶段，平台为用户提供了基本的能源信息互联功能，并提供了交易入口。

三是基于数据分析与挖掘的精细化运营阶段，重点是利用大数据分析和挖掘技术，从积累的海量充电数据中提取有价值的信息和洞察。通过对充电设备、电动汽车和用户行为等数据进行分析，了解充电需求和行为模式的特点，进而优化充电信息的资源配置和充电服务建设。此阶段需要建立强大的数据分析和挖掘能力，涉及数据清洗、数据建模、数据可视化、数据挖掘等技术。再进一步，基于大数据分析和挖掘的结果，可实现个性化服务和智能决策。根据用户的需求和行为特征，可以提供定制化的充电推荐、充电计划和充电支付等服务。同时，通过智能决策支持系统，可以对充电资源进行智能调度和优化，提高充电网络的效率和资源利用率。

四是人工智能（AI）能力全面渗透的智能化应用阶段，随着 AI 技术的发展，平台交互方式会向自然语言与复合需求转变。通过意图识别与大语言模型，用自然语言交互的方式，提供满足用户更加个性化且复杂需求的能力，如利用自然语言交互的智能助手。此阶段需要建立基础大规模语言模型、充电场景专属知识库，并利用用户个性化的历史数据沉淀。在空间智能方面，图像与视频的 AI 识别与生成能力的提升，让线上信息服务能力渗透到线下场景，如站内找桩、辅助插充电枪、路径规划等。同时，业务能力、数据能力与 AI 引擎的自动化联动，给用户提供了通过一句话描述获取一站式服务的能力基础。

互联互通平台在当前行业的发展态势下，如何保证盈利能力是持续发展的关键。因此，在众多平台基础能力建设完备的情况下，以流量为核心，在商业拓展方面发展是非常明确的一个发展趋势。在充电场景下，也确实存在着众多的增值服务需求。从用户的角度，可以根据场景数据推荐或直接辅助购买车、电相关消费品，如汽车配件等消耗品、充电保险等增值产品，或者提供捆绑生活用电费用的整体交易，甚至通过本地生活类的异业场景引流等，均可以成为用户端商业能力拓展的方向。从充电桩运营商的角度，可以通过流量倾斜、增加曝光、展位广告等经典流量售卖逻辑变现，也可以通过桩站投建贷款等互联网金融逻辑变现。总体来看，互联互通平台会跟随政府提供的政策指导，合理利用场景具备的商业化潜力和发展盈利能力，持续推动行业的可持续发展。

3. 企业运营平台

企业运营平台是充电运营服务的基础，也是引导产业秩序和提升服务品质的关键。企业运营平台的功能升级大致经历了四个阶段，一是建设初期的报表分析，对企业运营过程中所有系统涉及的数据进行联合性的查询；二是可视化分析，通过可视化能力提升系统本身的数据分析和数据挖掘能力；三是场景分析，构建充换电场站全生命周期模型，分析不同情境下充换电场站的投资收益情况，为企业投资决策提供依据；四是充电数据智能化应用，主要包括智能化运营管理、智能运维、安全管理以及充电增值服务挖掘等方面。

第七部分
充换电行业运维服务体系构建

（一）运营管理

　　为了提高充换电场站运营效率、规范充换电场站建设和运营行为，政府主管部门、充换电行业组织、运营商等均在运营管理层面开展了相关工作。**在政府管理层面**，各地方政府陆续发布了电动汽车充电基础设施建设运营管理相关规范文件，完善了充换电场站建设和运营的相关机制，对提升充换电场站运维服务水平、提高用户充电体验具有重要作用。**在行业促进层面**，2019年我国发布了GB/T 37293—2019《城市公共设施　电动汽车充换电设施运营管理服务规范》，规定了电动汽车充电站、电池更换站和分散充电设施运营的总体要求、环境要求、标志标识、运营管理要求、服务要求、评价改进；对运营服务中存在的油车占位、二维码不清晰、安全提示不足、平台难以互联互通等实际问题提出了解决方案。在企业经营层面，主流充换电运营商注重场站精细化运营管理，制定了科学的管理制度，规定了运维人员对充换电设备的资产管理、日常巡视、故障维修、安全管理等行为。

1. 政府管理主要内容

一是规划与布局。当地政府可以结合本地区情况，开展全面深入的市场调研，结合城市发展规划、交通流量分布、电网承载能力等因素，科学制定充换电设施的中长期建设规划。依据不同区域的功能定位（如商业区、住宅区、工业区等），合理确定充换电站点的布局，保障不同场景下充换电基础设施的使用便利性。

二是技术标准与质量监督。政府单位可制定明确的充换电设备技术标准，包括充电效率、兼容性、安全性等方面的要求；建立严格的质量检测和认证体系，对进入市场的充换电设备进行全方位检测，确保其符合标准；同时，定期对在运营的充换电设施进行质量抽查，对不符合标准的设施要求运营企业及时整改。

三是价格与收费管理。政府需要根据成本核算和市场情况，制定合理的充换电服务价格上限和下限，防止价格过高或过低，建立价格调整机制，根据市场变化和成本波动，适时适度调整价格，但需经过相关程序和公示。

四是行业监管。建立动态监管机制，对运营企业的服务质量、安全管理、合规经营等方面进行定期检查和评估；对违规企业采取警告、罚款、暂停营业、吊销许可证等措施，维护市场秩序。

五是政策扶持与引导。政府在政策方面给予扶持，如财政补贴、税收优惠等，鼓励社会资本投入充换电设施建设和运营；引导金融机构为充换电企业提供融资支持，降低企业融资成本；推动充换电技术创新和应用示范，对有突出贡献的企业和项目给予奖励和支持。

2. 行业促进层面

该部分内容请参考 GB/T 37293—2019《城市公共设施　电动汽车充换电设施运营管理服务规范》相关内容。

3. 企业经营层面

一是资产管理。企业需要对自有的充换电站资产进行系统化的资产管理，对新增充换电站执行验收标准，保证充换电站达到对外开放的运营条件，同时，对充换电站资产建立系统化的资产管理台账，包括带电设备和非电设备的记录，登记充换电站所有的资产，保证充换电站的资产和台账登记信息一致。

二是日常管理。充换电站日常现场管理主要聚焦于充换电站的基本信息、充换电站充电秩序维护、充换电站的场地环境。在充换电站的基本信息方面，需要对充换电站在 App 内的相关信息进行定期检查（包括但不限于照片、定位、价格、免停车费时长等），保证 App 中对外展示信息的准确性。在充换电站充电秩序维护方面，需要对充电高峰期的充换电站进行人工巡查，及时维护充换电站现场的充电秩序，保证用户能够正常及时地充电；同时，对充电用户进行引导，减少相关占位情况。在充换电站的场地环境方面，对充换电站的环境定期进行清洁打扫，保证充换电站整体环境整洁、干净、无异味。

三是巡检管理。充换电站巡检管理是管理体系中必不可少的一部分，运营人员主要对设备终端异常情况、配套情况、车辆占位情况、价格情况定期进行巡检，及时了解充换电站的资产动态及市场情况变动，并形成相关巡检报告，对巡检发现的问题进行工单派发，指定相关人员进行整改，形成闭环，保证充换电站资产的持续运营。

四是安全管理。充换电站必须配备相关的充电安全指示及操作说明，配备消防灭火的相关设备，保证充换电站的安全性。同时，针对可能出现的各类突发事件，如设备大规模故障、电力中断、自然灾害等，制订详细的应急预案，定期进行应急预案演练，检验和完善预案的有效性。

（二）运维服务

为了有效支撑电动汽车的规模化发展，充电设施的建设数量和运行质量至关重要。充电设施的建设数量一直是行业关注的重点，已经取得了显著成绩，能够满足行业发展的需求；同时，行业也在逐步关注充电设施的运行质量，想要保证充电设施的运行质量，必须建立起完善的运维服务体系，而"设备全生命周期的意识"和"智能化的手段"是运维服务体系的关键。

电动汽车充电行业的本质其实是运营，而运营最需要关注的点就是全生命周期效益最大化。效益最大化意味着，一方面要通过各种各样的商业模式或者商业手段尽可能多地创造收入，另一方面还要尽可能地保证成本最低。对于充电网运营而言，成本主要有两大部分，第一部分是充电设施的制造和建设成本，制造和建设成本为一次性成本，单笔金额较大，容易引起关注，也是目前行业内最关注的点之一；第二部分是使用成本，使用成本为持续性成本，单笔金额较小，不容易引起关注，但是全生命周期累计下来影响巨大，如果不加管控，甚至有可能超过制造和建设成本。

运维成本作为充电设施使用成本的组成部分，也需要加以控制，这就要求充电设施的运维工作也要有全生命周期的概念，在做精、做细、做优、做好运维服务的同时，还应深度参与设备全生命周期的研发、设计、制造、安装等前端环节和报废分析等后端环节，从运维角度提出需求和要求，更好地支撑运维工作的开展，保证充电设施在全生命周期内高质量、低成本运行。

在充换电基础设施产业发展早期，充换电设备离线率高，运营商普遍采用人工运维的方式，缺乏远程故障定位手段，需要频繁上站、现场勘查，难以及时处理充电桩离线故障，在消耗人力和财力的同时还无法保证电动汽车用户的满意度。为了提高充电设施的可靠性、安全性和运营效率，国内主流充换电设备厂商已经开始使用智能运维技术，通过物联网、大数据分析和人工智能等技术手段，对电动汽车充换电基础设施执行实时监测、故障管理和远程维护等运维工作。通常，为实现上述功能，电动汽车充换电设备会连接运维管理平台。目前，运维管理平台的功能已经非常丰富，可以实现对电动汽车充换电设备的电流、电压、温度等参数的实时监测，及时发现异常情况并告警及处理，并通过远程监控和控制技术，远程管理和维护电动汽车充换电设备，完成包括远程升级、远程故障处理等工作，减少人工巡视和维护的成本，提高运维效率。此外，运维管理平台还可以为运营商提供电动汽车充换电设备的实时状态、可用性信息和设备位置等信息，并记录用户的充换电行为、账单等数据，帮助运营商做好存量用户管理工作。

构建智能运维系统，首先要有智能化的充电设施，其次要有稳定可靠的物联网网关和具有大数据分析能力的云平台，最后还要有成熟的运维体系，四者缺一不可。智能化的充电设施可以实时采集设备运行信息，执行远程命令，是智能运维的基础；稳定可靠的物联网网关可以上传设备的运行信息，下达远程命令，是智能运维的支撑；具有大数据分析能力的云平台可以对设备信息进行监控、分析、预警、预测，并发出远程命令，是智能运维的核心；成熟的运维体系可以保证智能运维系统搭建的合理性，实现人与系统高效协同，是智能运维的关键。

（三）设备维修

1. 故障维修

充电设备作为电动汽车的重要配套设施，其运行的稳定性显得尤为重要，充电设备维修是运维服务中设备管理的重要环节，也是确保充电桩正常运行、提高用户使用体验的基础。充电设备维修流程主要包括故障识别与接收、初步远程诊断、现场检测评估、故障件更换维修、测试验收、维修结果确认等步骤。

在充电设备运行中，可以通过充电用户反馈、巡检维护、充电运营平台监测等方式识别故障信息，并通过运维工单传递至运维人员；运维人员接收工单后通过充电运营平台监控系统对充电设备进行初步诊断，并尝试通过远程复位、配置等方式解决；对于远程无法解决的问题，运维人员携带运维工具及运维备件前往现场对充电设备进行详细检查，并根据检查情况更换／维修故障件；充电设备维修完成后，运维人员对充电设备进行全面的测试验收，确保充电设备的各项参数和功能均符合要求，且无异常状况出现；维修完成后，运维人员完成运维工单，并等待客服人员／充电用户确认维修结果，满足要求后维修流程结束。

2. 设备报废

在充电设备维修过程中，部分充电设备／零部件由于损坏严重或达到使用寿命等需要报废回收。充电设备报废回收流程主要包括报废评估、修复和维护、二次利用、无法修复件处理、报废回收记录等步骤。

报废回收流程：首先要对充电设备／零部件进行全面检查，评估其状况，判断其是否达到报废标准；对于技术状况较好、损坏程度较轻的充电设备／零部件可尝试修复和维修，修复完成后进行必要的测试，确保充电设备／零部件可正常工作，测试正常的充电设备／零部件可进行二次利用；

对于无法修复的充电设备 / 零部件，按照国家相关法律法规的要求进行报废处理，在处理过程中将充电设备中可用的零部件和材料进行分离、回收，对回收的材料进行必要的环保检测，确保其符合环保标准，避免对环境造成不良影响；在整个报废回收过程中做好相关记录，确保所有操作可追溯，在报废回收工作完成后进行总结，分析报废原因、修复成功率等，为后续产品改进优化提供经验。

第八部分
充换电安全保障体系构建

电动汽车充电安全包括车辆本身和动力电池安全、充电设施本体安全、充电连接以及接口安全、充电信息安全等方面。经过全行业的共同努力，我国充换电行业已经初步构建了充电安全保障体系。

（一）动力电池安全

我国对动力电池安全施行强制性安全管理，2024 年 5 月 27 日，工业和信息化部对强制性国家标准 GB 38031—2020《电动汽车用动力蓄电池安全要求》的最新修订版公开征集意见，将热扩散要求从起火、爆炸前 5min 报警提升至不起火、不爆炸。这为降低新能源汽车充电安全风险提供了基础保障。

动力电池安全主要包括动力电池本征安全、动力电池主动安全、动力电池被动安全三个方面。动力电池本征安全，就是从电池内部的电化学特性方面提升电池安全性，包括对正负极材料表面的修饰，对整个材料体系、结构设计增加安全材料以及相关助剂等，从电芯设计角度提升电池的安全性能，进而提升整车安全性能。动力电池主动安全主要是通过高精度的 BMS 保障电池充放电过程的各项参数在稳定可靠的正常范围内，并基于达到功能安全 ASIL D 等级的设计，避免系统及随机失效导致的安全风险。通过大数据监控平台、车云协同算法，实现提前预测电池可能发生的微短路、绝缘老化、电气连接问题、析锂、电池老化的异常和趋势，在故障发生前保护人车安全。动力电池被动安全是针对动力电池发生安全问题以后的处置措施，包括在电池系统内部增加隔热材料、泄压通道等安全设计，避免电池系统内的热失控扩展；在新能源汽车上集成应急灭火系统，用于意外起火时的及时扑救，保障人身安全。

（二）设备安全

充电设备作为充电基础设施网络的核心组成部分，连接着车端，也连接着新型电力系统，成为车联网、充电网和电力网三网融合的能源与信息的汇聚点，所以它对安全的要求会更高，应建立充电设备全生命周期管理机制。

在研发阶段，应注重产品的安全设计。从产品构思和立项之初，就将安全因素放在首位，确保产品设计符合相关安全标准和规范。包括采用合理的电路布局，选用高品质的电气元件，设计针对过电流、过电压、过温等的安全保护功能，以及优化散热设计等，旨在防止设备在充电过程中出现过热、短路等安全风险。

在技术实现方面，追求技术创新和突破的同时，也应通过研发先进的充电技术、智能监控系统和故障预警机制，提升充电产品的整体安全性能。同时，关注行业动态和前沿技术，及时将新技术应用到产品中，以满足市场对充电设备安全性的高要求。

在测试阶段，实施全面而严格的测试流程，包括但不限于电气性能测试、环境适应性测试、安全防护测试等。通过模拟各种极端环境条件和潜在风险场景，对充电产品的性能进行全方位的验证和评估。同时，对测试结果进行详尽的分析和记录，以便及时发现并排除潜在的安全隐患。

在产品投入使用后，通过远程监控和数据分析，实时掌握产品的运行状态和安全性能。对于发现的问题和隐患，及时采取相应的措施进行改进和优化，确保产品的安全性和可靠性得到持续提升。

（三）连接安全

1. 充电枪安全

充电枪是电动汽车与充电桩的连接点，其安全性直接关系到整个充电过程的安全。充电枪的安全风险主要包括以下几点：一是充电枪外壳破损，包括充电枪跌落或被汽车碾压导致的外壳破损，一旦外壳破损，充电枪防尘防水功能失效，就可能会带来一些安全隐患；二是电子锁失效，这可能会在充电结束时把车锁住；三是充电枪线缆过温，这会导致线缆破损或者起火风险，同时，充电枪线缆对于现场应用环境的要求很苛刻，在现场使用时也会出现破损、扭转、打结等失效情况；四是端子烧蚀和起火的风险，因为端子区域，特别是在大功率充电时，充电电流非常大，如果接触电阻比较大，有可能会出现温升过高的安全风险。

因此，提升充电连接安全，需要提升充电枪的安全防护能力。一是加强充电枪的研发能力，在设计端规避安全风险，包括对原材料和零部件的可靠性和强度的把控，在考虑电气性能指标的同时兼顾产品的安全性和耐用性。例如，对绝缘材料的选择在考虑电气性能的同时，包括阻燃和耐温性能也非常重要；对温度传感器的选择要考虑精度等级，等级不够会造成传感器温度反馈有延迟，产生安全风险。二是提升制造工艺水平，保障产品的一致性和兼容性。三是进行产品的检验测试，在测试时必须按照产品使用现场的高温、低温、雨水浸泡、跌落冲击、汽车碾压等极端场景来测试验证，确保产品稳定可靠。

2. 配电线路安全

按照 GB 50966—2014《电动汽车充电站设计规范》和 GB/T 51313—2018《电动汽车分散充电设施工程技术标准》的规定，配电线路宜选用铜芯电力电缆，但现实中有些投资商为了降低成本，国家标准的指导性要求并未得到有效执行。2024 年，有超过 45% 的配电线路采用了铝或铝合金导体的电力电缆，铝导体存在易氧化、蠕变、电化学腐蚀等影响导体连接可靠性和寿命的不良特性，需要专业的施工技术和有效的施工质量管理，才能保证连接性能达到使用要求，如进行去除氧化层的作业、采用适合的插接器、采用适合的压接工艺等。而且即使有专业的施工技术和工程质量管理，在连接可靠性和寿命方面，铝导体仍然低于铜导体。在充换电设施的实际建设工程中，铝电缆导体连接的安装质量普遍不达标，给充换电设施的快速发展留下了一定的安全隐患。另外，充电桩的外观设计趋于时尚现代，体积越来越小，铝电缆的连接端子多数采用小型化端子，不利于保障铝导体的连接性能，安全风险更高。因此，一是要提高供配电线路的连接可靠性和绝缘安全性，杜绝发生过热打火和击穿等可能引发火灾风险的事故，且万一发生线路故障或其他事故引起的配电与充电设备火灾，线路应具备足够的阻燃性能，不延燃，不传播火焰，不扩大事故影响面；二是加大相关标准的执行力度，进一步提高项目建设的专业性，在项目方案报批、审图、施工监理、验收等环节加强控制，既要保证充换电设施的快速发展，又要保证高质量发展。

（四）数据安全

目前，行业内建设有充电信息服务平台的企业都建立了完善的信息安全防护体系。在数据安全管理方面，各充电网运营企业内部都建立了数据安全管理的规章制度，对数据进行规范管理，部分企业基于大数据技术等相关技术建设了数据中台和主数据管理平台等系统，对数据进行采集、加工、存储、分析、挖掘、预测，来满足业务战略要求、经营需求和内外部管理需求；还建立了数据分析团队，支撑相关部门的数据分析需求，并开展数据管理培训和数据安全管理活动。在数据容灾方面，依托多云基础设施和自建数据存储集群等对数据进行存储与管理，实现核心业务数据的多数据中心容灾。在数据与隐私保护的技术措施方面，一般都采用 Web 应用防火墙（Web Application Firewall，WAF）防护、传输加密、数据脱敏、数据审计、数据全生命周期管理等措施来保障数据的安全。

第九部分
充换电行业发展展望

（一）规模预测

1. 新能源汽车发展规模预测

我国新能源汽车销量逐年提升，中国汽车工业协会、中国电动汽车百人会等相关机构和组织均对我国新能源汽车市场规模进行了预测。其中，中国汽车工业协会预测，2024年中国新车销量（含出口）将较2023年增长3%，达到约3100万辆，其中新能源汽车销量预计将达1150万辆。由此，中国电动汽车充电基础设施促进联盟预测，到2025年年底，全国新能源汽车保有量将达到4500万辆，其中纯电动汽车将超过3300万辆。

2. 充电基础设施规模预测

2022年，国家发展和改革委员会等部门发布的《关于进一步提升电动汽车充电基础设施服务保障能力的实施意见》（发改能源规〔2022〕53号）中提出，各地发展改革、能源部门要积极会同工业和信息化、自然资源、住房和城乡建设、交通运输等部门，科学编制省级充电基础设施"十四五"专项规划，指导地市以区县为基本单元编制布局规划。在中央政策的指导下，各地方陆续发布了当地的充电基础设施发展规划，并提出了明确的建设目标。

综合我国新能源汽车发展规模以及各地方充电基础设施发展规划，中国电动汽车充电基础设施促进联盟预测，到2025年年底，全国还将增加公共充电设施200万台左右，以及500万台左右的私人充电设施。

（二）大功率以及自动充电技术将加速推广应用

1. 大功率充电基础设施网络建设进一步加速

据中国汽车战略与政策研究中心介绍，截至目前，上汽、广汽、吉利、长安、蔚来、小鹏、理想、小米等汽车企业均推出了800V高电压车型，800V及以上高电压平台未来将成为新能源汽车产品的主流。我国广东、海南、重庆等地均提出了大功率充电基础设施建设的相关规划，其他地方也开始陆续发布或者制订大功率充电设施建设的指导意见。在政策的引导和扶持下，预计，未来我国大功率充电基础设施的建设运营将陆续由重点城市向县乡区域发展。

2. 自动充电技术

随着武汉自动驾驶网约车投入运营，我国无人驾驶车辆的商业化应用正式开始。网络信息显示，"萝卜快跑"已于我国11个城市开放载人测试运营服务，并已开始在北京、武汉、重庆、深圳、上海开展全无人自动驾驶出行服务与测试。随着自动驾驶技术的不断发展和普及，自动充电技术作为配套技术也将加速推广应用，目前市场上存在几种不同类型的自动充电产品模式，包括充电弓系统、机械臂式充电系统和无线充电系统，它们各具特点，满足了不同场景、不同用户群体的需求。未来，随着自动驾驶技术和自动充电技术的不断发展和完善，自动充电产品将更加智能化、便捷化，为用户提供更好的充电体验，同时也将推动智能交通系统和智能城市的建设，促进能源利用效率的提升和环境保护的实现。

（三）设备质量大幅提升

充换电设备质量是产业向高质量、智能化升级发展的关键基础，国家市场监管部门正在加快研究将充电桩纳入 3C 认证体系，充换电行业也积极就充电设备质量分级评价、充电桩运营管理等方面进行规范化管理，预计充电设备将朝以下几个方向发展。

1. 充电设备的智能化水平进一步提升

一方面，我国鼓励车网融合互动模式的推广应用，国家发展和改革委员会、国家能源局多次印发文件支持车网互动项目示范应用；另一方面，各运营商为提高运维效率、降低运维成本，大力推广智能化运维体系。这都需要高度智能化的充电设备作为支撑。

2. 充电设备关键零部件标准化

我国头部企业带头制定了充电模块、充电枪线等关键零部件的标准规范，并积极向全行业推广应用。为了保障充电设备的兼容性、可靠性以及运维的便利性，充电设备的其他零部件也将逐渐标准化。目前，已经有企业和相关行业机构开始探索充电设备运维标准制订等工作，预计在充电经营市场的竞争压力下，充电设备的标准化程度将得到提升。

3. 充电设备将更加安全

充电设备的安全性直接关系到电动汽车的充电安全，近期，在浙江、广东等地发生的电动汽车安全事故为充电安全敲响了警钟。针对充电安全，除了做好各种安全管理、排除安全隐患以外，行业将更加注重提升产品本身的安全性，减少充电安全隐患。

附 录

附录 A 2023 年充换电相关政策

附表 A-1 2023 年充换电相关政策目录

时间	发布单位	政策名称	文件号
1月2日	中共中央、国务院	《关于做好 2023 年全面推进乡村振兴重点工作的意见》	一
1月3日	国家铁路局、工业和信息化部、中国国家铁路集团有限公司	《关于支持新能源商品汽车铁路运输 服务新能源汽车产业发展的意见》	国铁运输监〔2023〕4 号
1月3日	工业和信息化部、国家互联网信息办公室、国家发展和改革委员会、教育部、科学技术部、公安部、国家安全部、财政部、人力资源社会保障部、中国人民银行、国务院国有资产监督管理总局、中国银行保险监督管理委员会、中国证券监督管理委员会、国家知识产权局	《关于促进数据安全产业发展的指导意见》	工信部联网安〔2022〕182 号
1月3日	工业和信息化部、教育部、科学技术部、中国人民银行、中国银行保险监督管理委员会、国家能源局	《关于推动能源电子产业发展的指导意见》	工信部联电子〔2022〕181 号
1月3日	杭州市人民政府办公厅	《关于促进杭州市现代物流业高质量发展的若干意见》	杭政办〔2023〕1 号
1月5日	贵州省住房和城乡建设厅、贵州省发展和改革委员会	《贵州省城乡建设领域碳达峰实施方案》	黔建科通〔2023〕4 号

（续）

时间	发布单位	政策名称	文件号
1月5日	什邡市人民政府办公室	《什邡市"十四五"电动汽车充电基础设施专项规划》	什邡办发〔2023〕2号
1月5日	吕梁市人民政府办公室	《吕梁市加强县域商业体系建设促进农村消费三年行动方案》	吕政办发〔2023〕1号
1月9日	北京市发展和改革委员会、北京市商务局	《清理隐性壁垒全优化消费营商环境实施方案》	京发改〔2023〕20号
1月10日	湖南省发展和改革委员会	《关于进一步加快电动汽车充电基础设施建设的意见》	湘发改能源规〔2022〕1052号
1月11日	国务院促进中小企业发展工作领导小组办公室	《助力中小微企业稳增长调结构强能力若干措施》	工信部企业函〔2023〕4号
1月11日	广西壮族自治区发展和改革委员会、广西壮族自治区住房和城乡建设厅、广西壮族自治区自然资源厅、广西壮族自治区市场监督管理局、广西壮族自治区应急管理厅、广西壮族自治区消防救援总队、广西电网有限责任公司	《广西居民小区新能源汽车充电设施建设管理实施细则》	桂发改电力规〔2023〕35号
1月11日	烟台市人民政府办公室	《关于加强和规范电动汽车充电基础设施建设管理的实施意见》	烟政办发〔2023〕3号
1月12日	江苏省工业和信息化厅、江苏省发展和改革委员会、江苏省生态环境厅	《江苏省工业领域及重点行业碳达峰实施方案》	苏工信节能〔2023〕16号
1月12日	江苏省第十三届人民代表大会常务委员会第三十四次会议批准	《无锡市车联网发展促进条例》	—

日期	发布机构	文件名称	文号
1月12日	贵阳市市场监督管理局	《贵阳贵安电动汽车充电桩强制检定实施方案》	—
1月13日	长沙市人民政府	《长沙市碳达峰实施方案》	长政发〔2023〕2号
1月13日	国家发展和改革委员会	《中华人民共和国国家发展和改革委员会公告》	2023年第1号
1月13日	东莞市发展和改革局	《东莞市加快电动汽车充（换）电基础设施建设三年行动方案》	—
1月17日	成都市经济和信息化局，成都市发展和改革委员会，成都市规划和自然资源局	《成都市新能源汽车换电模式应用试点实施方案》	—
1月17日	山西省商务厅，山西省发展和改革委员会，山西省公安厅，山西省工业和信息化厅，山西省生态环境厅，山西省自然资源厅，山西省住房和城乡建设厅，山西省交通运输厅，山西省农业农村厅，山西省文化和旅游厅，国家税务总局山西省税务局，山西省市场监督管理局，山西省体育局，山西省能源局，中国人民银行太原中心支行，中国银保监会山西监管局	《关于进一步搞活汽车流通扩大汽车消费的通知》	晋商消费〔2023〕12号
1月18日	上海市生态环境局，上海市发展和改革委员会，上海市经济和信息化委员会，上海市交通委员会，上海市住房和城乡建设管理委员会，上海市农业农村委员会，上海市绿化和市容管理局，上海市市场监管局	《上海市减污降碳协同增效实施方案》	沪环气候〔2023〕12号
1月18日	江西省人民政府	《江西省未来产业发展中长期规划（2023—2025年）》	赣府发〔2023〕2号
1月18日	上海市经济和信息化委员会，上海市交通委员会，上海市公安局	《上海市智能网联汽车高快速路测试与示范实施方案》	沪经信制〔2023〕55号

（续）

时间	发布单位	政策名称	文件号
1月19日	长沙市人民政府	《长沙市"十四五"时期"无废城市"建设实施方案》	长政发〔2023〕3号
1月19日	浙江省发展和改革委员会、浙江省经济和信息化厅、浙江省科学技术厅	《浙江省加快新能源汽车产业发展行动方案》	浙发改产业〔2023〕1号
1月20日	上海市人民政府	《上海市提信心扩需求稳增长促发展行动方案》	沪府规〔2023〕1号
1月20日	市场监管总局	《全国重点工业产品质量安全监管目录（2023年版）》	国市监质监发〔2023〕5号
1月20日	海南省人民政府	《海南省"十四五"节能减排综合工作方案》	琼府〔2023〕8号
1月20日	河南省人民政府办公厅	《关于深入贯彻城市公共交通优先发展战略推动城市公共交通高质量发展的实施意见》	豫政办〔2023〕4号
1月28日	重庆市经济和信息化委员会、重庆市发展和改革委员会、重庆市生态环境局	《重庆市工业领域碳达峰实施方案》	渝经信发〔2023〕4号
1月28日	贵州省商务厅、贵州省发展和改革委员会、贵州省工业和信息化厅、贵州省公安厅、贵州省财政厅、贵州省生态环境厅、贵州省自然资源厅、贵州省住房城乡建设厅、贵州省交通运输厅、贵州省文化和旅游厅、贵州省能源局、贵州省市场监管局、贵州省体育局、贵州省人防办、贵州省机关事务管理局、贵州省地方金融监管局、贵州省税务局、贵阳海关、人民银行贵阳中心支行、贵州银保监局	《贵州省搞活汽车流通扩大汽车消费的若干措施》	—

日期	发文单位	文件名称	文号
1月29日	东莞市人民政府	《关于坚持以制造业当家 推动实体经济高质量发展的若干措施》	东府〔2023〕1号
1月29日	南阳市人民政府	《提振市场信心稳定经济发展加快现代化副中心城市建设若干政策措施》	宛政〔2023〕1号
1月30日	工业和信息化部、交通运输部、国家发展和改革委员会、财政部、住房城乡建设部、国家能源局、国家邮政局	《组织开展公共领域车辆全面电动化先行区试点工作的通知》	工信部联通装函〔2023〕23号
1月30日	河南省商务厅、河南省发展和改革委员会、河南省工业和信息化厅、河南省公安厅、河南省财政厅、河南省自然资源厅、河南省生态环境厅、河南省住房和城乡建设厅、河南省交通运输厅、河南省文化和旅游厅、河南省农业农村厅、中国人民银行郑州中心支行、中华人民共和国郑州海关、国家税务总局河南省税务局、河南省市场监督管理局、河南省体育局、河南银行保险监督管理局、河南省地方金融监督管理委员会河南监管局	《关于进一步搞活大汽车消费的通知》	豫商运〔2023〕5号
1月31日	广东省商务厅、广东省发展和改革委员会、广东省工业和信息化厅、广东省公安厅、广东省财政厅、广东省自然资源厅、广东省生态环境厅、广东省住房和城乡建设厅、广东省交通运输厅、广东省农业农村厅、广东省文化和旅游厅、广东省市场监督管理局、广东省体育局、广东省能源局、国家税务总局广东省税务局、海关总署广东分署、人民银行广州分行、国家税务总局广东省税务局、中国银保监会广东监管局、人民银行深圳市中心支行、中国银保监会深圳监管局、广东电网有限责任公司	《广东省进一步搞活汽车流通扩大汽车消费实施方案》	粤商务字〔2023〕6号

（续）

时间	发布单位	政策名称	文件号
1月31日	南宁市人民政府	《南宁市2023年促进消费若干措施》	南府规〔2023〕2号
1月31日	交通运输部、自然资源部、海关总署、国家铁路局、中国国家铁路集团有限公司	《推进铁水联运高质量发展行动方案（2023—2025年）》	交水发〔2023〕11号
2月1日	上海市交通委、上海市发展和改革委员会、上海市公安局、上海市道路运输总队、上海市消防救援总队	《上海市公共停车场（库）充电设施建设管理办法》	沪交行规〔2023〕1号
2月1日	安徽省人民政府办公厅	《安徽省有效投资专项行动方案（2023）》	皖政办秘〔2023〕5号
2月2日	南京市人民政府	《南京市推动经济运行率先整体好转若干政策措施》	宁政规字〔2023〕2号
2月2日	河北省生态环境厅、河北省工业和信息化厅、河北省住房和城乡建设厅、河北省交通运输厅、河北省农业农村厅	《河北省减污降碳协同增效实施方案》	冀环综合〔2023〕17号
2月3日	常州市科学技术局	《常州市科技"创新助力新能源之都建设"专项行动计划（2023—2025年）》	常科发〔2023〕18号
2月4日	合肥市人民政府办公室	《合肥市"提信心拼经济"若干政策措施》	—
2月4日	河北省人民政府办公厅	《美丽河北建设行动方案（2023—2027年）》	冀政办字〔2023〕17号
2月5日	国家标准化管理委员会、国家能源局	《新型储能标准体系建设指南》	—
2月5日	湖南省人民政府办公厅	《关于打好经济增长主动仗实现经济运行好转的若干政策措施》	湘政办发〔2023〕4号

日期	发布单位	文件名称	文号
2月5日	平湖市人民政府	《平湖市贯彻落实浙江省推动经济高质量发展若干政策承接落实方案》	平政发〔2023〕22号
2月6日	中共河南省委、河南省人民政府	《河南省碳达峰实施方案》	—
2月6日	四川省人民政府	《聚焦高质量发展推动经济运行整体好转的若干政策措施》	川府发〔2023〕5号
2月7日	深圳市发展和改革委员会	《深圳市支持电化学储能产业加快发展的若干措施》	—
2月7日	哈尔滨市人民政府	《关于提振发展信心推动全市经济加快恢复整体好转的政策措施》	哈政规〔2023〕3号
2月7日	山东省能源局	《2023年全省能源工作指导意见》	鲁能源办〔2023〕1号
2月7日	郑州市人民政府	《郑州市"十四五"节能减排综合工作方案》	郑政〔2023〕2号
2月8日	广州市人民政府	《支持市场主体高质量发展促进经济运行率先整体好转的若干措施》	穗府〔2023〕4号
2月9日	天津市发展和改革委员会	《天津市"十四五"扩大内需战略实施方案》	—
2月13日	中共陕西省委、陕西省人民政府	《进一步提振信心恢复活力推动经济社会平稳健康发展的若干措施》	—
2月14日	河南省人民政府	《河南省2023年国民经济和社会发展计划》	豫政〔2023〕11号
2月15日	南京市工业和信息化局	《南京市加快发展储能与氢能产业行动计划（2023—2025年）》	—
2月16日	中国人民银行深圳市中心支行、深圳银保监督管理局、深圳证监局、原深圳市地方金融监督管理局、国家外汇管理局深圳市分局	《深圳金融支持新能源汽车产业链高质量发展的意见》	—

（续）

时间	发布单位	政策名称	文件号
2月16日	陕西省工业和信息化厅、陕西省发展和改革委员会、陕西省生态环境厅	《陕西省工业领域碳达峰实施方案》	陕工信发〔2023〕31号
2月17日	商丘市人民政府	《商丘市"十四五"节能减排工作方案》	商政〔2023〕5号
2月17日	宜昌市人民政府办公室	《宜昌市城市综合管理精细化三年行动方案（2023—2025年）》	宜府办发〔2023〕9号
2月20日	重庆市银保监局、重庆市金融监管局、重庆市商务委	《金融支持消费恢复助力扩大内需若干措施》	—
2月20日	邢台市公共机构节能工作领导小组办公室	《邢台市深入开展公共机构绿色低碳引领行动促进碳达峰实施方案》	邢公节能办〔2023〕2号
2月21日	中共广州市委、广州市人民政府	《关于完整准确全面贯彻新发展理念 推进碳达峰碳中和工作的实施意见》	—
2月21日	益阳市人民政府	《益阳市碳达峰实施方案》	益政发〔2023〕4号
2月21日	浙江省经济和信息化厅、浙江省发展和改革委员会、浙江省生态环境厅	《浙江省工业领域碳达峰实施方案》	浙经信绿色〔2023〕57号
2月23日	北京市人民政府办公厅	《北京市深入打好污染防治攻坚战2023年行动计划》	京政办发〔2023〕4号
2月23日	岳阳市人民政府办公室	《关于贯彻落实省政府打好经济运行整体好转若干政策措施的实施细则》	岳政办发〔2023〕3号

2月24日	河南省生态环境厅、河南省发展和改革委员会、河南省工业和信息化厅、河南省自然资源厅、河南省住房和城乡建设厅、河南省交通运输厅、河南省农业农村厅	《河南省减污降碳协同增效行动方案》	豫环〔2023〕6号
2月24日	吉林省人民政府办公厅	《吉林省乡村建设"百村提升"工作方案》	吉政办发〔2023〕7号
2月24日	福建省人民政府办公厅	《巩固拓展经济向好势头的一揽子政策措施》	闽政办〔2023〕8号
2月25日	广州市人民政府	《广州市建设国际消费中心城市发展规划（2022—2025年）》	穗府〔2023〕6号
2月27日	焦作市人民政府	《焦作市"十四五"节能减排综合实施方案》	焦政〔2023〕3号
2月27日	山西省发展和改革委员会、山西省住房和城乡建设厅	《山西省城乡建设领域碳达峰实施方案》	晋建科字〔2023〕36号
2月27日	河源市人民政府	《河源市能源发展"十四五"规划》	河府〔2023〕22号
2月27日	天津市北辰区发展和改革委员会	《北辰区2022年国民经济和社会发展计划执行情况与2023年国民经济和社会发展计划》	津辰发改〔2023〕4号
2月28日	广东省人民政府	《广东省激发企业活力推动高质量发展的若干政策措施》	粤府〔2023〕23号
2月28日	国家统计局	《中华人民共和国2022年国民经济和社会发展统计公报》	—
2月28日	潮州市人民政府	《潮州市生态文明建设"十四五"规划》	潮府〔2023〕7号

（续）

时间	发布单位	政策名称	文件号
3月1日	广西壮族自治区发展和改革委员会	《完善广西能源绿色低碳转型体制机制和政策措施的实施意见（征求意见稿）》	—
3月1日	重庆市永川区人民政府	《重庆市永川区"十四五"节能减排工作实施方案》	永川府发〔2023〕5号
3月2日	成都市人民政府办公厅	《关于成都市促进新能源汽车产业发展的实施意见》	成办规〔2023〕2号
3月2日	广州市人民政府	《广州市碳达峰实施方案》	穗府〔2023〕7号
3月2日	崇左市人民政府	《崇左市"十四五"节能减排综合实施方案》	崇政发〔2023〕5号
3月3日	苏州市人民政府办公室	《苏州市公共数据开放三年行动计划（2023—2025年）》	苏府办〔2023〕31号
3月5日	新余市人民政府	《新余市碳达峰实施方案》	余府发〔2023〕6号
3月7日	山东省能源局	《山东省能源绿色低碳高质量发展三年行动计划（2023—2025年）》和《山东省能源绿色低碳高质量发展2023年重点工作任务》	鲁能源规划〔2023〕29号
3月8日	国家能源局综合司	《2023年能源行业标准计划立项指南》	国能综通科技〔2023〕20号
3月8日	扬州市人民政府办公室	《扬州市生态环境基础设施建设行动计划（2022—2025年）》	—
3月10日	儋州市发展和改革委员会	《儋州市发展改革委员会2022年度工作总结及2023年度工作计划》	—

日期	发文单位	文件名	文号
3月10日	山西省人民政府	《美丽山西建设规划纲要（2023—2035年）》	晋政发〔2023〕5号
3月10日	怀化市人民政府	《怀化市碳达峰实施方案》	怀政发〔2023〕2号
3月10日	寿光市人民政府	《寿光市"十四五"生态环境保护规划》	寿政发〔2023〕5号
3月13日	重庆市财政局	《关于重庆市2023年度充换电基础设施财政补贴政策的通知（征求意见稿）》	—
3月13日	福建省工业和信息化厅、福建省发展和改革委员会、福建省生态环境厅、福建省住房和城乡建设厅	《福建省建材行业碳达峰实施方案》	闽工信规〔2024〕7号
3月14日	绵阳市生态环境局	《绵阳市"十四五"生态环境保护规划》	绵府发〔2023〕4号
3月14日	南昌市人民政府	《南昌市碳达峰实施方案》	洪府发〔2023〕5号
3月15日	国家能源局、生态环境部、农业农村部、国家乡村振兴局	《关于组织开展农村能源革命试点县建设的通知》	国能发新能〔2023〕23号
3月15日	广东省人民政府办公厅	《广东省推动新型储能产业高质量发展的指导意见》	粤府办〔2023〕4号
3月16日	贵港市人民政府	《贵港市"十四五"节能减排综合实施方案》	贵政发〔2023〕4号
3月16日	南宁市人民政府办公室	《南宁市能源发展"十四五"规划》	南府办〔2023〕5号
3月16日	衡阳市人民政府	《衡阳市"十四五"节能减排综合工作实施方案》	衡政发〔2023〕5号
3月17日	六盘水市发展和改革委员会	《六盘水市碳达峰实施方案（征求意见稿）》	—

（续）

时间	发布单位	政策名称	文件号
3月17日	广东省人民政府办公厅	《广东省进一步加大力度支持民间投资发展的实施方案》	粤府办〔2023〕5号
3月17日	唐山市人民政府办公室	《美丽甬山建设行动方案（2023—2027年）》	唐政办字〔2023〕29号
3月21日	西安市人民政府办公厅	《西安市支持新能源汽车扩大生产促进消费若干措施》	市政办函〔2023〕27号
3月21日	芜湖市科学技术局、芜湖市财政局、芜湖市交通运输局、芜湖市城市管理局、芜湖市邮政管理局	《芜湖市关于支持新能源汽车和智能网联汽车产业高质量发展若干政策》	芜经信汽车装备〔2023〕36号
3月22日	河南省工业和信息化厅、河南省发展和改革委员会、河南省生态环境厅	《河南省工业领域碳达峰实施方案》	豫工信联节〔2023〕34号
3月22日	岳阳市人民政府	《岳阳市"十四五"节能减排综合工作实施方案》	岳政发〔2023〕4号
3月22日	岳阳市人民政府	《岳阳市碳达峰实施方案》	岳政发〔2023〕3号
3月23日	国家发展和改革委员会	《横琴粤澳深度合作区鼓励类产业目录》	发改地区〔2023〕302号
3月23日	福建省住房和城乡建设厅、福建省发展和改革委员会	《福建省城乡建设领域碳达峰实施方案》	闽建科〔2023〕11号
3月23日	湖南省人民政府	《湖南省2023年国民经济和社会发展计划》	湘政发〔2023〕4号
3月23日	许昌市人民政府	《许昌市"十四五"现代能源体系和碳达峰碳中和规划》	许政〔2023〕10号

日期	发文单位	文件名称	文号
3月24日	浙江省发展和改革委员会、浙江省公安厅、浙江省自然资源厅、浙江省住房和城乡建设厅	《关于浙江省推动城市停车设施高质量发展的实施意见》	浙发改政资〔2023〕82号
3月24日	四川省发展和改革委员会、四川省能源局	《四川省充电基础设施建设运营管理办法》	川发改能源规〔2023〕137号
3月24日	广州市市场监督管理局	《广州市贯彻落实〈计量发展规划（2021—2035年）〉的实施意见》	穗市监计〔2023〕38号
3月25日	广西壮族自治区发展和改革委员会	《广西能源基础设施建设2023年工作推进方案》	桂发改电力〔2023〕205号
3月27日	安徽省商务厅、安徽省发展和改革委员会、安徽省财政厅、安徽省经济和信息化厅、安徽省文化和旅游厅、安徽省体育局、中国人民银行合肥中心支行、原中国银行保险业监督管理委员会安徽监管局	《关于支持扩大汽车消费若干措施的通知》	皖商建〔2023〕20号
3月28日	国家能源局	《关于加快推进能源数字化智能化发展的若干意见》	国能发科技〔2023〕27号
3月29日	昆明市人民政府办公室	《昆明市优化产业园区用电营商环境十项措施》	—
3月30日	上海市静安区人民政府办公厅	《静安区2023年碳达峰碳中和及节能减排重点工作安排》	静发改委〔2023〕6号
3月30日	河南省人民政府办公厅	《实施数字化转型战略工作方案》	豫办〔2021〕41号
3月30日	嘉兴市人民政府	《嘉兴市先进制造业集群培育工程推进方案（2023—2027年）》	嘉政发〔2023〕10号
3月30日	徐州市人民政府办公室	《关于深入推进计量工作实施意见》	徐政办发〔2023〕21号
3月30日	甘肃省人民代表大会常务委员会	《甘肃省供用电条例》	甘肃省人民代表大会常务委员会公告（第3号）

（续）

时间	发布单位	政策名称	文件号
3月30日	盘锦市人民政府	《盘锦市"十四五"节能减排综合工作方案》	盘政发〔2023〕3号
3月31日	广州市新能源汽车发展工作领导小组办公室	《广州市鼓励支持个人领域新能源汽车推广应用工作指引》	—
3月31日	海南省人民政府办公厅	《关于支持民营经济发展的若干措施》	琼府办〔2023〕12号
3月31日	浙江省人民政府办公厅	《关于进一步扩大消费促进高质量发展若干举措》	浙政办发〔2023〕26号
4月1日	国家标准化管理委员会、工业和信息化部、自然资源部、生态环境部、住房和城乡建设部、交通运输部、中国人民银行、中国气象局、国家林草局	《碳达峰碳中和标准体系建设指南》	国标委联〔2023〕19号
4月1日	长沙市人民政府	《长沙市"十四五"节能减排综合工作实施方案》	长政发〔2023〕11号
4月2日	福清市人民政府办公室	《福清市"十四五"节能减排综合工作实施方案》	融政办〔2023〕17号
4月4日	江苏省财政厅	《江苏省财政支持做好碳达峰碳中和工作实施方案》	—
4月4日	德阳市人民政府	《德阳市"无废城市"建设实施方案》	德府发〔2023〕5号
4月6日	河北省发展和改革委员会	《关于进一步做好河北南部电网电力需求响应市场运营工作的通知》	冀发改运行〔2023〕407号

日期	发布单位	文件名称	文号
4月6日	国家能源局	《2023年能源工作指导意见》	国能发规划〔2023〕30号
4月6日	辽宁省交通运输厅	《2023年度生态文明建设和环境保护工作要点》	—
4月6日	永州市人民政府	《永州市碳达峰实施方案》	永政发〔2023〕5号
4月6日	通化市人民政府办公室	《通化市能源发展"十四五"规划》	通市政办发〔2023〕5号
4月6日	江苏省发展和改革委员会、江苏省工业和信息化厅、江苏省交通运输厅	《江苏省电动汽车充（换）电基础设施规划实施方案（2023—2025年）》	苏发改能源发〔2023〕375号
4月7日	上海市交通委、上海市发展改革委、上海市住房城乡建设管理委、上海市经济信息化委、上海市房屋管理局、上海市公安局、上海市消防救援总队	《上海市居民小区电动汽车充电设施建设管理办法》	沪交行规〔2023〕3号
4月7日	财政部	关于修改《节能减排补助资金管理暂行办法》的通知	财建〔2023〕58号
4月7日	山西省人民政府办公厅	《山西省电动汽车充（换）电基础设施建设运营管理办法》	晋政办发〔2023〕22号
4月9日	河南省人民政府	《进一步促进消费若干政策措施》	豫政〔2023〕15号
4月10日	泰顺县人民政府办公室	《泰顺县县城承载能力提升和深化"千村示范、万村整治"工程实施方案（2023—2027年）》	—
4月10日	河南省发展和改革委员会、河南省自然资源厅、河南省财政厅、河南省生态环境厅、河南省住房和城乡建设厅、河南省农业农村厅、河南省林业局、河南省气象局	《河南省新能源和可再生能源发展"十四五"规划》	豫发改新能源〔2023〕88号

（续）

时间	发布单位	政策名称	文件号
4月10日	商丘市碳达峰碳中和工作领导小组办公室	《深入推进美丽商丘建设实施方案》	商碳办〔2023〕1号
4月10日	南宁市人民政府	《南宁市"十四五"节能减排综合实施方案》	南府发〔2023〕5号
4月10日	重庆市武隆区人民政府	《重庆市武隆区"十四五"节能减排综合工作实施方案》	武隆府发〔2023〕15号
4月10日	河南省发展和改革委员会、河南省财政厅、河南省自然资源厅、河南省生态环境厅、河南省住房和城乡建设厅、河南省农业农村厅、河南省气象局、河南省林业局	《河南省新能源和可再生能源发展"十四五"规划》	豫发改新能源〔2023〕88号
4月11日	莆田市人民政府	《莆田市"十四五"节能减排综合工作实施方案》	莆政综〔2023〕5号
4月12日	丽水市经济和信息化局、丽水市发展和改革委员会、丽水市生态环境局	《丽水市工业领域碳达峰实施方案》	—
4月13日	重庆市巴南区经济和信息化委员会	《重庆市巴南区加快建设充换电基础设施工作方案》	巴南经信〔2023〕56号
4月14日	山东省生态环境厅、山东省工业和信息化厅、山东省财政厅、山东省交通运输厅、国家税务总局山东省税务局	《关于全省长流程钢铁企业环保绩效全面创A工作的通知》	鲁环发〔2023〕10号
4月14日	新疆维吾尔自治区发展和改革委员会、新疆维吾尔自治区商务厅	《2023年自治区恢复扩大消费工作实施方案》	新发改就业〔2023〕167号
4月14日	重庆市渝北区人民政府办公室	《渝北区推动城乡建设绿色发展实施方案》	渝北府办发〔2023〕23号

时间	发布机构	文件名称	文号
4月16日	潮州市人民政府	《潮州市优先发展产业目录（2023年本）》	潮府函〔2023〕71号
4月16日	许昌市人民政府办公室	《许昌市十大产业集群培育计划》	许政办〔2023〕11号
4月17日	北京市商务局	《加快恢复和扩大消费持续发力北京国际消费中心城市建设2023年行动方案》	京商消促字〔2023〕33号
4月17日	广东省能源局、广东省生态环境厅、广东省农业农村厅、广东省乡村振兴局	《广东省乡村振兴局关于组织开展农村能源革命试点县建设的通知》	—
4月18日	无锡市人民政府办公室	《无锡市2023年度促进新能源汽车推广消费的若干政策措施》	锡政办发〔2023〕18号
4月21日	云南省发展和改革委员会、云南省工业和信息化厅、云南省住房和城乡建设厅、云南省市场监督管理局、云南省机关事务管理局	《云南省促进绿色消费实施方案》	云发改就业〔2023〕419号
4月21日	抚州市人民政府	《抚州市"十四五"数字经济发展规划》	抚政发〔2023〕6号
4月21日	内蒙古自治区住房和城乡建设厅	《推进城镇新能源汽车充电设施建设六条政策措施》	内建督〔2023〕78号
4月24日	河南省交通运输厅	《河南省交通运输行业绿色低碳转型战略2023年工作任务分解方案》	豫交科技函〔2023〕3号
4月24日	潮州市人民政府国有资产监督管理委员会	《潮州市属国有企业碳达峰实施方案》	潮国资〔2023〕28号
4月24日	贵州省财政厅、贵州省能源局	《贵州省能源安全生产和保供专项资金管理办法》	黔财工〔2023〕39号

（续）

时间	发布单位	政策名称	文件号
4月24日	信宜市人民政府办公室	《信宜市工业主导产业"十四五"规划》	信府办〔2023〕15号
4月25日	台州市路桥区安全生产委员会	《关于明确路桥区新型储能项目等五类新行业新业态安全生产监管责任的通知》	路安〔2023〕5号
4月26日	南昌市人民政府	《关于深入推进计量工作高质量发展的实施意见》	洪府发〔2023〕12号
4月26日	湖北省生态环境厅、湖北省发展和改革委员会、湖北省经济和信息化厅、湖北省科学技术厅、湖北省公安厅、湖北省财政厅、湖北省自然资源厅、湖北省住房和城乡建设厅、湖北省交通运输厅、湖北省农业农村厅、湖北省商务厅、湖北省应急管理厅、湖北省市场监督管理局、湖北省能源局、中华人民共和国武汉海关、湖北省气象局、中国民用航空湖北安全监督管理局	《湖北省大气污染防治"三大"治理攻坚战役和"六大"专项提升行动计划》	鄂环发〔2023〕8号
4月27日	山东省市场监督管理局、山东省发展和改革委员会、山东省工业和信息化厅、山东省自然资源厅、山东省生态环境厅、山东省住房和城乡建设厅、山东省交通运输厅、山东省气象局	《山东省建立健全碳达峰碳中和标准计量体系工作方案》	鲁市监计量字〔2023〕99号
4月27日	广东省发展和改革委员会、广东省工业和信息化厅、广东省科学技术厅、广东省财政厅、广东省住房和城乡建设厅、广东省农业农村厅、广东省交通运输厅、广东省商务厅、广东省市场监督管理局	《广东省全面推行清洁生产实施方案（2023—2025年）》	粤发改资环函〔2023〕545号

日期	发布机构	文件名称	文号
4月27日	河北省工业和信息化厅、河北省发展和改革委员会、河北省教育厅、河北省科学技术厅、中国人民银行石家庄中心支行、河北银保监局	《河北省推动能源电子产业发展的实施方案》	冀工信电子〔2023〕73号
4月27日	忻州市人民政府办公室	《忻州市推进分布式可再生能源发展三年行动计划（2023—2025年）》	忻政办发〔2023〕18号
4月28日	西青区人民政府	《天津市西青区碳达峰实施方案》	西青政发〔2023〕5号
4月28日	舟山市人民政府办公室	《2023年舟山市扩大有效投资政策》	舟政办发〔2023〕30号
4月28日	昆明市人民政府办公室	《昆明市建设区域性国际中心城市2023年度工作任务》	昆政办〔2023〕16号
4月28日	山东省工业和信息化厅、山东省发展和改革委员会、山东省生态环境厅	《山东省工业领域碳达峰工作方案》	鲁工信发〔2023〕4号
5月4日	重庆市黔江区人民政府	《黔江区"十四五"节能减排综合工作实施方案》	黔江府发〔2023〕8号
5月4日	娄底市财政局	《娄底市财政支持做好碳达峰中和工作的实施意见》	娄财资环〔2023〕101号
5月5日	准格尔旗人民政府	《准格尔旗新能源矿卡重卡替换燃油矿卡重卡三年行动方案》	准政办发〔2023〕21号
5月6日	烟台市人民政府	《烟台市碳达峰工作方案》	烟政字〔2023〕62号
5月6日	无锡市生态环境局	《无锡市2023年大气污染防治工作计划》	—
5月7日	东莞市人民政府	《东莞市碳达峰实施方案》	东府〔2023〕28号
5月8日	数字青岛建设领导小组办公室	《数字青岛发展规划（2023—2025年）》	青数组办字〔2023〕3号

（续）

时间	发布单位	政策名称	文件号
5月8日	深圳市发展和改革委员会	《2023 年战略性新兴产业专项资金项目申报指南（第一批）》	—
5月8日	淄博市发展和改革委员会	《淄博市综合能源港布局专项规划（2023—2025 年）》	淄发改发〔2023〕15 号
5月8日	长垣市人民政府办公室	《长垣市推进碳达峰试点建设工作方案》	长政办〔2023〕19 号
5月8日	辽源市人民政府办公室	《辽源市能源发展"十四五"规划》	辽府办发〔2023〕4 号
5月9日	长沙市雨花区人民政府	《长沙市雨花区碳达峰实施方案》	雨政发〔2023〕29 号
5月10日	赣州市住房和城乡建设局、赣州市发展和改革委员会	《赣州市城乡建设领域碳达峰实施方案》	—
5月11日	武汉市生态环境局、武汉市发展和改革委员会、武汉市经济和信息化局、武汉市城乡建设局、武汉市交通运输局、武汉市农业农村局	《武汉市减污降碳协同增效实施方案》	武环〔2023〕55 号
5月11日	湘潭市人民政府	《湘潭市碳达峰实施方案》	潭政发〔2023〕9 号
5月12日	常州市人民政府办公室	《常州市节能减排三年行动计划（2023—2025 年）》	常政传发〔2023〕132 号
5月14日	国家发展和改革委员会、国家能源局	《关于加快推进充电基础设施建设 更好支持新能源汽车下乡和乡村振兴的实施意见》	发改综合〔2023〕545 号
5月15日	宁夏回族自治区交通运输厅	《2023 年全区公路水路行业环境保护和节能减排工作要点》	宁交办发〔2023〕34 号

时间	发布单位	文件名称	文号
5月15日	海东市人民政府办公室	《海东市节能减排工作方案（2023—2025年）》	东政办〔2023〕35号
5月15日	天津市河东区人民政府	《河东区碳达峰实施方案》	河东政发〔2023〕6号
5月16日	钦州市直属机关服务中心、钦州市发展和改革委员会、钦州市财政局、钦州市生态环境局	《钦州市开展公共机构绿色低碳引领促进碳达峰工作方案》	钦机服通〔2023〕8号
5月16日	福建省发展和改革委员会	《福建省完善能源绿色低碳转型体制机制和政策措施的意见》	闽发改能源综函〔2023〕150号
5月16日	西藏自治区经济和信息化厅	《西藏自治区推动先进制造业高质量发展行动方案（2023—2025年）》	藏绿工组发〔2023〕3号
5月17日	六盘水市生态环境局	《六盘水市"十四五"生态环境保护规划》	—
5月17日	重庆市永川区发展和改革委员会	《重庆市永川区2023年迎峰度夏节约用电专项行动方案》	永达峰中和办〔2023〕1号
5月19日	中共青岛市委、青岛市人民政府	《青岛市碳达峰工作方案》	—
5月19日	珠海市人民政府	《珠海市碳达峰实施方案》	珠府〔2023〕39号
5月19日	黔西南州人民政府	《黔西南州加快建立健全绿色低碳循环发展经济体系实施方案》	黔西南府发〔2023〕7号
5月21日	上海市松江区人民政府	《松江区碳达峰实施方案》	沪松府〔2023〕75号
5月22日	九江市住房和城乡建设局、九江市发展和改革委员会、九江市自然资源局、九江市农业农村局	《九江市城乡建设领域碳达峰实施方案》	九住建字〔2023〕48号
5月22日	广东省能源局	《广东省推进能源高质量发展实施方案》	—

（续）

时间	发布单位	政策名称	文件号
5月22日	三明市三元区人民政府	《三元区"十四五"节能减排综合工作实施方案》	元政文〔2023〕35号
5月23日	上海市金山区人民政府	《金山区碳达峰实施方案》	金府发〔2023〕1号
5月23日	北京市城市管理委员会	《北京市居住区新能源汽车充电"统建统服"试点工作方案》	京管发〔2023〕9号
5月23日	济南市发展和改革委员会	《济南市新能源高质量发展三年行动计划（2023—2025年）》	济发改能源〔2023〕136号
5月24日	毕节市人民政府	《毕节市项目建设年活动实施方案》	毕府发〔2023〕8号
5月25日	天津市宝坻区人民政府	《天津市宝坻区碳达峰实施方案》	宝坻政发〔2023〕3号
5月25日	上海市发展和改革委员会	《上海市加大力度支持民间投资发展若干政策措施》	沪发改规范〔2023〕6号
5月26日	重庆市万盛经开区管委会	《重庆市万盛经开区碳达峰实施方案》	万盛经开发〔2023〕7号
5月26日	山东省住房和城乡建设厅、山东省发展和改革委员会、山东省财政厅、山东省自然资源厅、山东省能源局	《山东省城乡建设领域碳达峰实施方案》	—
5月28日	定州市人民政府办公室	《关于进一步做好充电基础设施建设工作实施方案》	定政办字〔2023〕38号
5月29日	贵州省能源局、贵州省住房和城乡建设厅、贵州省自然资源厅、贵州省消防救援总队	《贵州省推进居住社区充电基础设施建设实施方案》	黔能源电力〔2023〕43号
5月30日	广东省发展和改革委员会、广东省能源局	《广东省促进新型储能电站发展若干措施》	粤发改能源函〔2023〕684号

日期	发布单位	文件名称	文号
5月30日	山西省工业和信息化厅、山西省发展和改革委员会、山西省生态环境厅	《山西省工业领域碳达峰实施方案》	晋工信节能字〔2023〕86号
5月31日	桓台县人民政府办公室	《桓台县深化新旧动能转换推动绿色低碳高质量发展2023年重点工作任务》	桓政办字〔2023〕10号
6月1日	重庆市财政局、重庆市经济和信息化委员会	《重庆市2023年度充换电基础设施财政补贴政策》	渝财规〔2023〕3号
6月1日	贵州省发展和改革委员会、贵州省能源局、贵州省水利厅、贵州省交通运输厅、贵州省生态环境厅、贵州省自然资源厅	《贵州省全面深化价格机制改革实现碳达峰行动方案》	黔发改价格〔2023〕446号
6月2日	河北省发展和改革委员会	《加快推动农村充电基础设施建设促进新能源汽车下乡和乡村振兴实施意见》	冀发改能源〔2023〕686号
6月2日	山西省人民政府办公厅	《山西省电动汽车充（换）电基础设施建设"十四五"规划和三年行动计划》	晋政办发〔2023〕38号
6月5日	福建省工业和信息化厅、福建省发展和改革委员会、福建省财政厅、福建省科学技术厅、福建省公安厅、福建省住房和城乡建设厅、福建省交通运输厅、福建省文化和旅游厅、福建省人民政府国有资产监督管理委员会、福建省机关事务管理局	《全面推进"电动福建"建设的实施意见（2023—2025年）》	闽工信规〔2023〕4号
6月5日	上海市交通委员会、上海市道路运输管理局	《上海市智慧公交顶层设计方案》	沪交科〔2023〕409号
6月5日	武汉市人民政府	《武汉市加快推进物流业高质量发展若干政策措施》	武政规〔2023〕9号

（续）

时间	发布单位	政策名称	文件号
6月5日	上海市交通委员会、上海市道路运输管理局	《上海市智慧公交三年行动计划（2023—2025年）》	沪交科〔2023〕414号
6月6日	海安市人民政府	《海安市节能降碳增效实施方案》	海政规〔2023〕6号
6月7日	黔东南州人民政府	《黔东南州"十四五"节能减排综合工作方案》	黔东南府发〔2023〕4号
6月7日	北京市碳达峰碳中和工作领导小组办公室	《北京市可再生能源替代行动方案（2023—2025年）》	京双碳办〔2023〕18号
6月7日	长沙市发展和改革委员会、长沙市工业和信息化局、长沙市财政局、长沙市生态环境局、长沙市住房和城乡建设局、长沙市交通运输局、长沙市农业农村局	《长沙市电能替代工作实施方案（2023—2025年）》	长发改能源〔2023〕50号
6月8日	商务部办公厅	《商务部办公厅关于组织开展汽车促消费活动的通知》	商办消费函〔2023〕367号
6月8日	国务院办公厅	《进一步构建高质量充电基础设施体系的指导意见》	国办发〔2023〕19号
6月12日	工业和信息化部办公厅、国家发展和改革委员会办公厅、农业农村部办公厅、商务部办公厅、国家能源局综合司	《关于开展2023年新能源汽车下乡活动的通知》	工信厅联通装函〔2023〕149号
6月12日	陕西省住房和城乡建设厅、国网陕西省电力有限公司	《关于加强和规范新建住宅小区供配电设施建设管理工作的通知》	陕建发〔2023〕1091号
6月13日	淄博市人民政府	《淄博市碳达峰工作方案》	淄政字〔2023〕57号
6月14日	遵义市人民政府	《遵义市"十四五"节能减排综合工作方案》	遵府发〔2023〕7号

时间	发布单位	文件名称	文号
6月15日	上海市交通委员会、上海市发展和改革委员会	《上海交通领域光伏推广应用实施方案》	沪交科〔2023〕429号
6月15日	天津市静海区人民政府	《天津市静海区碳达峰实施方案》	津静海发〔2023〕11号
6月15日	四平市人民政府	《四平市碳达峰实施方案》	四政发〔2023〕7号
6月18日	台山市人民政府	《台山市能源发展"十四五"规划（2021—2025年）》	台府〔2023〕11号
6月19日	财政部、税务总局、工业和信息化部	《关于延续和优化新能源汽车车辆购置税减免政策的公告》	财政部 税务总局 工业和信息化部公告2023年第10号
6月20日	林州市人民政府办公室	《林州市深入贯彻城市公共交通优先发展战略推动城市公共交通高质量发展实施方案》	林政办〔2023〕22号
6月21日	十堰市人民政府办公室	《十堰市清洁能源产业三年行动方案（2023—2025年）》	十政办发〔2023〕21号
6月22日	德州市人民政府	《德州市碳达峰工作方案》	德政字〔2023〕29号
6月25日	成都市制造强市建设领导小组办公室	《成都市新能源和智能网联汽车产业发展规划（2023—2030年）》	成制造强市领办〔2023〕10号
6月25日	上海市交通委员会、江苏省交通运输厅、浙江省交通运输厅	《长三角生态绿色一体化发展示范区综合交通专项规划（2021—2035年）》	沪交规〔2023〕502号
6月26日	天津市发展和改革委员会	《关于加快推进充电基础设施建设更好支持新能源汽车下乡和乡村振兴若干举措》	津发改工业〔2023〕185号

（续）

时间	发布单位	政策名称	文件号
6月27日	成都市经济和信息化局	《成都市电动汽车充换电基础设施专项规划（2023—2025年）》	成经信发〔2023〕7号
6月28日	济南市人民政府	《济南市碳达峰工作方案》	济政字〔2023〕36号
6月29日	泰安市人民政府	《泰安市"十四五"节能减排实施方案》	泰政字〔2023〕34号
6月29日	吉林省财政厅	《吉林省财政厅关于支持绿色低碳发展推动碳达峰碳中和的实施意见》	吉财资环〔2023〕657号
6月30日	河南省人民政府办公厅	《河南省实施扩大内需战略三年行动方案（2023—2025年）》	豫政办〔2023〕30号
6月30日	盘锦市人民政府	《盘锦市碳达峰实施方案》	盘政发〔2023〕6号
7月1日	株洲市人民政府	《株洲市碳达峰实施方案》	株政发〔2023〕9号
7月3日	江门市人民政府	《江门市碳达峰实施方案》	江府〔2023〕15号
7月3日	北京市延庆区人民政府	《北京市延庆区碳达峰实施方案》	延政发〔2023〕13号
7月3日	福州市人民政府办公厅	《关于加快培育发展未来产业的实施意见》	榕政办〔2023〕50号
7月4日	惠州市人民政府办公室	《惠州市推动新型储能产业高质量发展行动方案》	惠府办〔2023〕20号
7月4日	国家发展和改革委员会、国家能源局、国家乡村振兴局	《关于实施农村电网巩固提升工程的指导意见》	发改能源规〔2023〕920号
7月5日	温州市人民政府办公室	《温州市推动新能源高质量发展若干政策》	温政办〔2023〕63号

时间	发布机构	文件名称	文号
7月8日	白银市人民政府办公室	《关于支持白银市电力高质量发展的若干措施》	市政办发〔2023〕60号
7月10日	北京市生态环境局	《关于开展2023年北京市低碳试点工作的通知》	京环函〔2023〕82号
7月10日	抚顺市人民政府	《抚顺市碳达峰实施方案》	抚政发〔2023〕8号
7月11日	铜仁市人民政府	《铜仁市"十四五"节能减排综合工作方案》	铜府发〔2023〕9号
7月11日	江西省住房和城乡建设厅	《关于进一步推进电动汽车充电基础设施建设有关工作的通知》	赣建科设〔2023〕15号
7月12日	潮汕市人民政府办公室	《潮州市贯彻落实广东省激发企业活力推动高质量发展的若干政策措施实施方案》	潮府办〔2023〕9号
7月12日	江西省人民政府	《江西省制造业重点产业链现代化建设"1269"行动计划（2023—2026年）》	赣府字〔2023〕40号
7月12日	琼海市人民政府办公室	《琼海市"十四五"节能减排综合工作方案》	海府办〔2023〕24号
7月13日	河南省人民政府办公厅	《河南省推动生态环境质量稳定向好三年行动计划（2023—2025年）》	豫政办〔2023〕33号
7月13日	浙江省人民政府办公厅	《浙江省完善高质量充电基础设施网络体系促进新能源汽车下乡行动方案（2023—2025年）》	浙政办发〔2023〕42号
7月14日	天津市财政局	《关于拨付中央财政2023年节能减排补助资金（第一批新能源汽车充电基础设施建设奖补）的通知》	津财建一指〔2023〕24号

（续）

时间	发布单位	政策名称	文件号
7月14日	珠海市发展和改革局、珠海市住房和城乡建设局、珠海市自然资源局、珠海市市场监督管理局、珠海市应急管理局、珠海市消防救援支队、珠海市人民防空办公室	《珠海市居民小区电动汽车充电设施建设管理实施细则》	珠发改能源〔2023〕47号
7月15日	上海市人民政府办公厅	《上海市清洁空气行动计划（2023—2025年）》	沪府办发〔2023〕13号
7月17日	周口市人民政府	《周口市"十四五"节能减排实施方案》	周政〔2023〕26号
7月18日	福建省工业和信息化厅、福建省发展和改革委员会、福建省生态环境厅	《福建省工业领域碳达峰实施方案》	闽工信规〔2023〕5号
7月18日	天津经济技术开发区管理委员会	《天津经济技术开发区碳达峰实施方案》	津开发〔2023〕9号
7月19日	江西省政府办公厅	《关于进一步促进和扩大消费若干措施的通知》	赣府厅发〔2023〕4号
7月20日	国家发展和改革委员会、工业和信息化部、公安部、财政部、住房和城乡建设部、交通运输部、商务部、中国人民银行、海关总署、税务总局、市场监管总局、国家能源局	《关于促进汽车消费的若干措施》	发改就业〔2023〕1017号
7月20日	三亚市人民政府	《三亚市"十四五"节能减排综合工作方案》	三府〔2023〕199号
7月20日	佛山市住房和城乡建设局、佛山市发展和改革局、佛山市消防救援支队	《关于进一步明确在物业管理区域内地下、半地下和高层汽车库建设电动汽车分散充电设施有关要求的通知》	佛建〔2023〕63号

时间	发布单位	文件名称	文件编号
7月20日	福安市人民政府	《福安市"十四五"节能减排综合工作实施方案》	—
7月21日	贵州省发展和改革委员会	《贵州省新型城镇化实施方案（2023—2025年）》	黔发改城镇〔2023〕571号
7月21日	焦作市人民政府办公室	《焦作市加快推进新能源汽车发展若干政策措施（试行）》	焦政办〔2023〕33号
7月25日	交通运输部办公厅、教育部办公厅、商务部办公厅、文化和旅游部办公厅、国家卫生健康委办公厅、中华全国总工会全国铁路工会综合部、中国民用航空局综合司、国家邮政局办公室、中国国家铁路集团有限公司办公厅	《关于加快推进汽车客运站转型发展的通知》	交办运〔2023〕45号
7月25日	武汉市人民政府办公厅	《武汉市创建全国绿色货运配送示范城市实施方案》	武政办〔2023〕76号
7月25日	驻马店市人民政府办公室	《驻马店市贯彻实施扩大内需战略三年行动方案责任分工》	驻政办〔2023〕24号
7月26日	新疆维吾尔自治区工业和信息化厅、新疆维吾尔自治区发展和改革委员会、新疆维吾尔自治区生态环境厅	《新疆维吾尔自治区工业领域碳达峰实施方案》	新工信节能〔2023〕12号
7月26日	宁德市人民政府	《宁德市电动汽车充（换）电基础设施发展规划（2023—2025年）》	宁政文〔2023〕108号
7月27日	山东省发展和改革委员会	《关于进一步完善居民电动汽车充电桩分时电价政策的通知》	鲁发改价格〔2023〕594号
7月27日	长沙市发展和改革委员会	《关于加快充电基础设施建设促进新能源汽车消费的实施方案（2023—2025年）》	长发改能源〔2023〕85号

（续）

时间	发布单位	政策名称	文件号
7月27日	商务部办公厅、国家发展和改革委员会办公室、工业和信息化部办公厅、财政部办公厅、自然资源部办公厅、农业农村部办公厅、文化和旅游部办公厅、国家邮政局办公室、中华全国供销合作总社办公厅	《县域商业三年行动计划（2023—2025年）》	—
7月28日	北海市人民政府	《北海市完成"十四五"降碳目标任务工作方案》	北政办〔2023〕31号
7月28日	国务院办公厅	《国务院办公厅转发国家发展改革委关于恢复和扩大消费措施的通知》	国办函〔2023〕70号
7月28日	河南省人民政府办公厅	《河南省支持重大新型基础设施建设若干政策》	豫政办〔2023〕38号
7月28日	河南省人民政府	《河南省重大新型基础设施建设提速行动方案（2023—2025年）》	豫政〔2023〕26号
7月31日	贵州省新型工业化工作领导小组办公室	《2023年新能源电池及材料产业提信心稳增长促发展行动方案》	—
7月31日	广西壮族自治区人民政府办公厅	《广西加快县域基础设施改造建设推进以县域为重要载体的城镇化建设实施方案（2023—2025年）》	桂政办发〔2023〕41号
8月1日	天津市蓟州区人民政府	《天津市蓟州区碳达峰实施方案》	蓟州政发〔2023〕8号
8月1日	青海省发展和改革委员会、青海省能源局	《青海省能源领域碳达峰实施方案》	青发改能源〔2023〕520号
8月3日	深圳市工业和信息化局	《深圳市加快打造"新一代世界一流汽车城"三年行动计划（2023—2025年）》	—

时间	发布单位	文件名称	文号
8月3日	浙江省发展和改革委员会、浙江省能源局	《浙江省新能源汽车下乡"十大行动"清单》	浙发改能源〔2023〕202号
8月3日	广州市人民政府办公厅	《关于推动新型储能产业高质量发展的实施意见》	穗府办〔2023〕15号
8月3日	工业和信息化部、科学技术部、国家能源局、国家标准化管理委员会	《新产业标准化领航工程实施方案（2023—2035年）》	工信部联科〔2023〕118号
8月4日	延边州人民政府	《延边州碳达峰工作实施方案》	延州政发〔2023〕7号
8月4日	国家发展改革委、科技部、工业和信息化部、财政部、自然资源部、住房城乡建设部、交通运输部、国务院国资委、国家能源局、中国民航局	《绿色低碳先进技术示范工程实施方案》	发改环资〔2023〕1093号
8月7日	天津市住房城乡建设委、天津市发展改革委	《天津市"十四五"城市基础设施建设实施方案》	—
8月7日	中山市人民政府	《中山市碳达峰实施方案》	中府函〔2023〕131号
8月7日	重庆市经济和信息化委员会、重庆市规划和自然资源局	《重庆市中心城区充换电基础设施专项规划（2023—2025）》	渝经信发〔2023〕55号
8月7日	长治市人民政府办公室	《长治市2023年气候投融资试点工作行动计划》	长政办发〔2023〕21号
8月7日	河南省人民政府办公厅	《河南省电动汽车充电基础设施建设三年行动方案（2023—2025年）》	豫政办〔2023〕40号
8月8日	吴忠市人民政府办公室	《关于加快推进全市新能源汽车充电基础设施建设的实施方案》	吴政办发〔2023〕25号
8月8日	大同市人民政府办公室	《大同市进一步促进民间投资工作方案》	同政办发〔2023〕25号

（续）

时间	发布单位	政策名称	文件号
8月9日	广西壮族自治区发展和改革委员会	《完善广西能源绿色低碳转型体制机制和政策措施的实施方案》	桂发改新能〔2023〕643号
8月11日	湖北省人民政府办公厅	《关于加快构建建湖北省高质量充电基础设施体系的实施意见》	鄂政办发〔2023〕26号
8月11日	山东省人民政府办公厅	《山东省扩大内需三年行动计划（2023—2025年）》	鲁政办发〔2023〕12号
8月14日	甘肃省发展和改革委员会	《加快推进充电基础设施建设更好支持新能源汽车下乡和乡村振兴的若干措施》	甘发改能源〔2023〕468号
8月14日	福建省外贸外资（稳价保供）协调机制办公室	《关于进一步促进消费扩内需若干措施》	闽商务〔2023〕133号
8月14日	海宁市人民政府	《海宁市"十四五"节能减排综合工作实施方案》	海政发〔2023〕33号
8月14日	广东省人民政府办公厅	《广东省扩大内需战略实施方案》	粤府办〔2023〕14号
8月16日	湖州市吴兴区市场监督管理局	《吴兴区居民生活领域碳达峰行动方案》	吴市监发〔2023〕41号
8月17日	工业和信息化部、财政部、农业农村部、商务部、海关总署、金融监督管理总局、国家药监局	《机械行业稳增长工作方案（2023—2024年）》	工信部联装〔2023〕144号
8月18日	固原市人民政府	《固原市"十四五"节能减排综合工作实施方案》	固政发〔2023〕45号
8月18日	山西省人民政府办公厅	《山西省优化市场准入激活民间投资的具体措施》	晋政办发〔2023〕50号

日期	发文机关	文件名称	文号
8月21日	工业和信息化部、国家发展和改革委员会、财政部、自然资源部、生态环境部、商务部、海关总署	《钢铁行业稳增长工作方案》	工信部联原〔2023〕131号
8月21日	汕尾市人民政府	《汕尾市碳达峰实施方案》	汕府〔2023〕31号
8月22日	济南市人民政府办公厅	《济南市支持新能源汽车产业高质量发展和推广应用行动计划（2023—2025年）》	济政办字〔2023〕38号
8月23日	甘肃省人民政府办公厅	《关于深入实施"八改"工程的指导意见》	甘政办发〔2023〕70号
8月23日	瑞金市人民政府	《瑞金市碳达峰实施方案》	瑞府发〔2023〕5号
8月24日	天津市发展和改革委员会	《天津市贯彻落实〈关于恢复和扩大消费的措施〉具体举措分工方案》	津发改服务〔2023〕249号
8月25日	工业和信息化部、财政部、交通运输部、商务部、海关总署、金融监管总局、国家能源局	《汽车行业稳增长工作方案（2023—2024年）》	工信部通装〔2023〕145号
8月28日	晋城市人民政府	《晋城市"十四五"节能减排实施方案》	晋市政发〔2023〕15号
8月28日	泉州市住房和城乡建设局	《关于规范住宅小区电动汽车充电设施建设管理的通知》	泉建规〔2023〕3号
8月28日	包头市人民政府	《包头市关于支持新能源电动重卡推广应用的政策清单》	包府发〔2023〕38号
8月30日	新疆维吾尔自治区发展和改革委员会	《关于进一步完善分时电价有关事宜的通知》	新发改规〔2023〕11号
8月31日	湖南省人民政府办公厅	《湖南省恢复和扩大消费的若干政策措施》	湘政办发〔2023〕35号

（续）

时间	发布单位	政策名称	文件号
8月31日	海口市人民政府	《海口市碳达峰实施方案》	海府〔2023〕15号
9月4日	绍兴市人民政府办公室	《绍兴市新能源汽车下乡行动方案（2023—2025年）》《绍兴市完善高质量充电基础设施网络体系实施方案（2023—2025年）》	绍政办发〔2023〕31号
9月4日	淮南市民生工作领导小组办公室	《淮南市2023年实施50项民生实事落实方案》	淮民生办〔2023〕9号
9月4日	中共无锡市委、无锡市人民政府	《关于促进全市经济持续回升向好努力走在前做示范多作贡献的若干政策措施》	锡委发〔2023〕27号
9月5日	武汉经济技术开发区管理委员会	《武汉经开区新能源与智能网联汽车产业战略提升行动方案（2023—2025年）》	武经开〔2023〕35号
9月5日	阳泉市人民政府办公室	《阳泉市数智新城建设行动方案（2023—2025年）》	阳政办发〔2023〕66号
9月6日	上海市商务委员会、上海市发展和改革委员会、上海市经济和信息化委员会、上海市公安局、上海市财政局、上海市生态环境局、上海监管局、国家税务总局上海市税务局、国家金融监督管理总局上海监管局	《上海市搞活汽车流通扩大汽车更新消费若干措施》	沪商规〔2023〕5号
9月7日	浙江省制造业高质量发展领导小组办公室	《浙江省推动新能源制造业高质量发展实施意见（2023—2025年）》	浙制高办〔2023〕18号

日期	发布单位	文件名称	文号
9月7日	湖南省市场监督管理局、湖南省发展和改革委员会、湖南省工业和信息化厅、湖南省自然资源厅、湖南省生态环境厅、湖南省住房和城乡建设厅、湖南省交通运输厅、湖南省林业局	《湖南省建立健全碳达峰中和标准计量体系实施方案》	湘市监计量〔2023〕84号
9月7日	荆州市住房和城乡建设局、荆州市发展和改革委员会、荆州市城市管理执法局、荆州市经济和信息化局、荆州市自然资源和规划局、荆州市市场监督管理局、荆州市人民防空办公室、荆州市消防救援支队、国网湖北省电力有限公司荆州供电公司	《关于加快住宅小区电动汽车充电设施建设的通知》	荆建发〔2023〕7号
9月7日	德惠市人民政府办公室	《加快德惠市充换电基础设施建设实施方案》	德府办发〔2023〕27号
9月7日	苏州市人民政府办公室	《关于加快推进全市行政企事业单位新能源汽车推广应用的意见》	苏府办〔2023〕133号
9月8日	宁夏回族自治区发展和改革委员会	《关于进一步提升自治区充电基础服务保障能力的实施方案》	宁发改规发〔2023〕8号
9月8日	吉林省人民政府办公厅	《关于促进消费的若干措施》	吉政办发〔2023〕23号
9月11日	云南省人民政府办公厅	《云南省人民政府办公厅转发省发展改革委关于恢复和扩大消费若干措施的通知》	云政办函〔2023〕47号
9月11日	佛山市人民政府	《佛山市碳达峰实施方案》	佛府〔2023〕8号
9月11日	宁德市生态环境局、宁德市发展和改革委员会、宁德市工业和信息化局、宁德市住房和城乡建设局、宁德市交通运输局、宁德市农业农村局、宁德市城市管理局	《宁德市减污降碳协同增效实施方案》	宁市环综合〔2023〕9号

（续）

时间	发布单位	政策名称	文件号
9月12日	芜湖市财政局	《关于财政支持做好达峰碳中和工作的实施方案》	财资环〔2023〕404号
9月12日	国家机关事务管理局	《中央国家机关所属事业单位公务用车管理办法（试行）》	国管资〔2023〕221号
9月12日	天津市人民政府办公厅	《天津市加快新能源和智能网联汽车产业发展实施方案（2023—2027年）》	津政办发〔2023〕24号
9月12日	深圳市人民政府	《深圳市碳达峰实施方案》	深府〔2023〕84号
9月13日	山东省能源局	《关于开展能源绿色低碳转型试点示范建设工作的通知》	鲁能源法规〔2023〕153号
9月13日	天津市发展和改革委员会	《天津市进一步构建高质量充电基础设施体系的实施方案》	津发改工业〔2023〕267号
9月13日	漯河市人民政府办公室	《漯河市新型基础设施建设行动方案（2023—2025年）》	漯政办〔2023〕29号
9月13日	安徽省人民政府办公厅	《安徽省加快供应链创新应用行动计划（2023—2025年）》《安徽省加快供应链创新应用若干政策举措》	皖政办秘〔2023〕35号
9月14日	河南省人民政府办公厅	《关于实施城市更新行动的指导意见》	豫政办〔2023〕51号
9月14日	中共南通市委员会、南通市人民政府	《关于促进全市经济持续回升向好的若干政策措施》	通委发〔2023〕13号

时间	发布机构	文件名称	文号
9月15日	常宁市人民政府	《常宁市碳达峰实施方案》	常政发〔2023〕7号
9月15日	中山市人民政府办公室	《中山市推动新型储能产业发展行动方案（2023—2025年）》	中府办函〔2023〕101号
9月15日	揭阳市人民政府	《揭阳市碳达峰实施方案》	揭府〔2023〕35号
9月15日	上海市人民政府	《上海市进一步推进新型基础设施建设行动方案（2023—2026年）》	沪府〔2023〕51号
9月18日	西双版纳州人民政府	《西双版纳州深入推进计量发展实施方案》	西政发〔2023〕10号
9月19日	四川省经济和信息化厅、四川省发展和改革委员会、四川省科学技术厅、四川省自然资源厅、四川省商务厅、四川省应急管理厅、四川省经济合作局	《促进锂电产业高质量发展的实施意见》	川经信材料〔2023〕145号
9月22日	宿迁市人民政府	《宿迁市支持新型储能产业发展的若干政策措施》	宿政规发〔2023〕11号
9月22日	工业和信息化部、国家发展和改革委员会、科学技术部、财政部、应急管理部	《安全应急装备重点领域发展行动计划（2023—2025年）》	工信部联安全〔2023〕166号
9月22日	漳州市人民政府	《漳州市"十四五"节能减排综合工作实施方案》	漳政综〔2023〕34号
9月22日	青海省发展和改革委员会	《关于进一步优化我省峰谷分时电价政策的通知》	青发改价格〔2023〕647号
9月25日	泰安市人民政府	《泰安市碳达峰工作方案》	泰政发〔2023〕8号
9月26日	深圳市发展和改革委员会	《深圳市新能源汽车充换电设施管理办法》	深发改规〔2023〕10号
9月26日	普洱市人民政府	《普洱市碳达峰实施方案》	普政发〔2023〕78号

（续）

时间	发布单位	政策名称	文件号
9月27日	国家金融监督管理总局江苏监管局	《国家金融监督管理总局关于金融支持恢复和扩大消费的通知》	苏金发〔2023〕12号
9月27日	嘉兴市人民政府办公室	《嘉兴市贯彻落实〈浙江省促进民营经济高质量发展若干措施〉实施方案》	嘉政办发〔2023〕47号
9月28日	厦门市人民政府办公厅	《新型基础设施建设三年行动计划（2023—2025年）》	厦府办〔2023〕58号
9月28日	广东省人民政府办公厅	《广东省大力发展融资租赁支持制造业高质量发展指导意见》	粤府办〔2023〕18号
9月29日	商丘市人民政府办公室	《商丘市推动生态环境质量稳定向好三年行动计划（2023—2025年）》	商政办〔2023〕41号
10月2日	四川省人民政府办公厅	《关于进一步激发市场活力推动当前经济运行持续向好的若干政策措施》	川办发〔2023〕32号
10月7日	西藏自治区发展和改革委员会、西藏自治区经济和信息化厅、西藏自治区公安厅、西藏自治区财政厅、西藏自治区住房和城乡建设厅、西藏自治区交通运输厅、西藏自治区商务厅、西藏自治区自然资源厅、西藏自治区国有资产监督管理委员会、中国人民银行西藏自治区分行、国家税务总局西藏自治区税务局、西藏自治区市场监督管理局、西藏自治区能源局、国网西藏电力有限公司	《关于促进汽车消费的若干措施》	藏发改营商〔2023〕571号

时间	发布单位	文件名称	文号
10月8日	交通运输部、国家发展和改革委员会、公安部、财政部、人力资源和社会保障部、自然资源部、国家金融监督管理总局、中国证券监督管理委员会、中华全国总工会	《关于推进城市公共交通健康可持续发展的若干意见》	交运发〔2023〕144号
10月8日	张家界市人民政府	《张家界市碳达峰实施方案》	张政发〔2023〕11号
10月9日	安徽省发展和改革委员会	《安徽省高质量充电换电服务体系建设方案（2023—2027年）》	皖发改产业〔2023〕465号
10月9日	宜昌市人民政府办公室	《宜昌清洁能源之都规划》	宜府办发〔2023〕38号
10月9日	荣成市人民政府办公室	《荣成市公共充电站建设方案（2023—2025）》	荣政办发〔2023〕25号
10月11日	万宁市人民政府	《万宁市碳达峰实施方案》	万府〔2023〕83号
10月11日	太原市人民政府	《太原市"十四五"节能减排实施方案》	并政发〔2023〕15号
10月11日	安阳市人民政府办公室	《安阳市推动生态环境质量稳定向好三年行动计划（2023—2025年）》	安政办〔2023〕20号
10月11日	西双版纳州人民政府	《西双版纳州绿色能源发展"十四五"规划》	西政办发〔2023〕42号
10月12日	枣庄市人民政府	《枣庄市碳达峰工作方案》	枣政字〔2023〕27号
10月12日	三明市工业和信息化局、三明市发展和改革委员会、三明市生态环境局	《三明市工业领域碳达峰实施方案》	明工信综〔2023〕44号
10月16日	郑州市人民政府办公厅	《郑州市推动生态环境质量稳定向好三年行动计划（2023—2025年）》	郑政办〔2023〕39号
10月16日	张掖市人民政府办公室	《关于推进落实"八改"工程的实施意见》	张政办发〔2023〕104号

（续）

时间	发布单位	政策名称	文件号
10月17日	宿迁市发展和改革委员会、宿迁市工业和信息化局、宿迁市财政局、宿迁市生态环境局、宿迁市住房和城乡建设局、宿迁市交通运输局、宿迁市农业农村局、宿迁市商务局、宿迁市机关事务管理局	《进一步推进电能替代工作实施方案》	宿发改煤电发〔2023〕225号
10月18日	江苏省发展和改革委员会	《江苏省完善促进消费体制机制工作联席会议印发关于恢复和扩大消费若干措施的通知》	苏消费联函〔2023〕12号
10月18日	克拉玛依市住房和城乡建设局、克拉玛依市国防动员办公室（市人民防空办公室）	《克拉玛依市新能源电动汽车充电设施在人防工程内安装使用指引》	克国动规〔2023〕2号
10月18日	大同市人民政府办公室	《大同市国资国企"十四五"发展规划（2021—2025年）》	同政办发〔2023〕31号
10月20日	国家发展和改革委员会	《国家碳达峰试点建设方案》	发改环资〔2023〕1409号
10月20日	宁夏回族自治区人民政府办公厅	《关于恢复和扩大消费的若干政策措施》	宁政办发〔2023〕42号
10月21日	国务院	《中国（新疆）自由贸易试验区总体方案》	国发〔2023〕17号
10月23日	诸暨市人民政府办公室	《诸暨市完善高质量充电基础设施网络体系实施方案（2023—2025年）》	诸政办发〔2023〕43号
10月24日	安阳市人民政府办公室	《安阳市实施扩大内需战略三年行动方案（2023—2025年）》	安政办〔2023〕24号

日期	发布机构	文件名称	文号
10月25日	四川省经济和信息化厅，四川省发展和改革委员会，四川省生态环境厅	《四川省工业领域碳达峰实施方案》	川经信环贸〔2023〕173号
10月25日	甘肃省发展和改革委员会，甘肃省工业和信息化厅，甘肃省公安厅，甘肃省财政厅，甘肃省住房和城乡建设厅，甘肃省交通运输厅，甘肃省商务厅，中国人民银行甘肃省分行，兰州海关，国家税务总局甘肃省税务局，甘肃省机关事务管理局，甘肃省市场监督管理局	《甘肃省关于促进汽车消费的若干落实措施》	甘发改就业〔2023〕560号
10月26日	贵州省人民政府办公厅	《关于加快新能源汽车产业高质量发展推进"电动贵州"建设的指导意见》	黔府办发〔2023〕18号
10月26日	厦门市人民政府办公厅	《"电动厦门"发展规划（2023—2025年）》	厦府办〔2023〕63号
10月27日	安徽省发展和改革委员会	《安徽省进一步恢复和扩大消费若干措施》	皖发改就业〔2023〕501号
10月27日	湖北省人民政府办公厅	《湖北省汽车产业转型发展实施方案（2023—2025年）》	鄂政办发〔2023〕39号
10月28日	上海市发展和改革委员会，上海市交通委员会，上海市经济和信息化委员会，上海市财政局，上海市房屋管理局	《关于发布2023年度上海市公共充电设施"车网互动"及"统一建设营"示范小区建设计划的通知》	沪发改能源〔2023〕244号
10月29日	福州市人民政府办公厅	《关于进一步构建高质量充电基础设施体系的实施意见》	榕政办规〔2023〕21号
10月29日	郑州市人民政府，中国人民银行河南省分行，国家金融监督管理总局河南监管局，中国证券监督管理委员会河南监管局	《关于金融支持新能源汽车产业链高质量发展的意见》	郑政〔2023〕21号
10月31日	炎陵县人民政府	《炎陵县碳达峰实施方案》	炎政发〔2023〕12号

（续）

时间	发布单位	政策名称	文件号
10月31日	开原市人民政府办公室	《开原市能源产业"十四五"发展规划（中期调整）》	开政办发〔2023〕10号
10月31日	运城市人民政府	《运城市"十四五"节能减排实施方案》	运政发〔2023〕32号
11月1日	西安市人民政府	《西安市空气质量达标规划（2023—2030年）》	市政发〔2023〕10号
11月1日	广西壮族自治区工业和信息化厅、广西壮族自治区发展和改革委员会、广西壮族自治区生态环境厅	《广西壮族自治区工业领域碳达峰实施方案》	桂工信能源〔2023〕685号
11月3日	四川省发展和改革委员会、四川省能源局	《四川省加快推进充电基础设施建设支持新能源汽车下乡和乡村振兴工作方案》	川发改办〔2023〕542号
11月3日	海南工业和信息化厅、海南省财政厅、海南省交通运输厅、海南省公安厅、海南省住房和城乡建设厅	《关于海南省2023年鼓励新能源汽车推广应用补贴申报的通知》	琼工信汽车〔2023〕257号
11月4日	通辽市人民政府办公室	《通辽市推动城乡建设绿色发展实施方案》	通政办发〔2023〕63号
11月7日	济源市人民政府	《济源产城融合示范区"十四五"现代能源体系和碳达峰中和规划》	济管〔2023〕27号
11月9日	永州市零陵区人民政府	《零陵区碳达峰实施方案》	零政发〔2023〕4号
11月10日	云南省发展和改革委员会	《关于进一步完善分时电价政策》	云发改价格〔2023〕1107号

日期	发布单位	文件名称	文号
11月11日	杭州市人民政府办公厅	《杭州市推进新能源电动汽车充电基础设施建设运营实施办法（修订）》	杭政办函〔2023〕75号
11月12日	台州市人民政府办公室	《关于完善高质量充电基础设施网络体系促进新能源汽车下乡的实施意见（2023—2025年）》	台政办发〔2023〕43号
11月13日	金华市发展和改革委员会	《金华市推进充电基础设施建设促进新能源汽车下乡行动方案（2023—2025年）》	金发改〔2023〕154号
11月14日	广西壮族自治区人民政府办公厅	《关于支持南宁市加快创新开放多元融合建设区域性国际旅游中心城市的意见》	桂政办发〔2023〕80号
11月17日	定西市人民政府办公室	《关于深入推进"八改"工程的实施意见》	定政办发〔2023〕93号
11月18日	广东省人民政府办公厅	《广东省"民生十大工程"五年行动计划（2023—2027年）》	粤府办〔2023〕20号
11月19日	商丘市人民政府办公室	《商丘市实施扩大内需战略三年行动方案（2023—2025年）》	商政办〔2023〕49号
11月24日	宝鸡市人民政府办公室	《宝鸡市电动汽车充电基础设施建设三年行动方案（2023—2025年）》	宝政办发〔2023〕46号
11月25日	重庆市人民政府办公厅	《重庆市"渝车出海"行动计划》	渝府办发〔2023〕89号
11月30日	国务院	《空气质量持续改善行动计划》	国发〔2023〕24号
11月30日	吕梁市人民政府	《吕梁市碳达峰实施方案》	吕政发〔2023〕17号
12月1日	重庆市人民政府办公厅	《重庆市推动外贸稳规模优结构若干措施》	渝府办发〔2023〕91号

（续）

时间	发布单位	政策名称	文件号
12月1日	杭州市城乡建设委员会、杭州市财政局	《杭州市新能源电动汽车公共充电设施奖励补贴资金分配实施细则》	杭建地空〔2023〕172号
12月1日	铜川市人民政府	《铜川市"十四五"节能减排综合工作实施方案》	铜政发〔2023〕21号
12月4日	上海市财政局、上海市发展和改革委员会	《上海市财政支持做好碳达峰碳中和工作的实施意见》	沪财资环〔2023〕27号
12月5日	内蒙古自治区人民政府办公厅	《关于促进新能源消纳若干举措的通知》	内政办发〔2023〕81号
12月5日	无锡市发展和改革委员会、无锡市市场监督管理局	《无锡市电动汽车充换电设施用电价格有关政策告知书》	—
12月6日	葫芦岛市人民政府	《葫芦岛市"十四五"节能减排综合工作方案》	葫政发〔2023〕12号
12月7日	工业和信息化部、财政部、税务总局	《关于调整减免车辆购置税新能源汽车产品技术要求的公告》	2023年第32号
12月7日	运城市人民政府办公室	《运城市优化市场准入激活民间投资的工作措施》	运政办发〔2023〕36号
12月10日	天津市交通运输委员会	《天津市出租汽车领域推广应用新能源汽车工作实施方案》	津交发〔2023〕233号
12月11日	浙江省发展和改革委员会、浙江省市场监督管理局	《浙江省加强充（换）电基础设施标准体系建设方案》	浙发改能源〔2023〕317号
12月11日	耒阳市人民政府办公室	《耒阳市碳达峰实施方案》	—

日期	发布单位	文件名称	文件编号
12月12日	浙江省发展和改革委员会、浙江省市场监督管理局	《关于进一步优化规范电动汽车充换电设施用电价格有关事项》	浙发改价格〔2023〕316号
12月12日	安徽省发展和改革委员会	《安徽省新能源汽车充换电基础设施建设运营管理办法（暂行）》	皖发改产业规〔2023〕8号
12月12日	东莞市人民政府办公室	《东莞市推进新型储能产业高质量发展工作方案（2023—2025年）》	东府办函〔2023〕680号
12月12日	阳泉市人民政府办公室	《阳泉市优化市场准入激活民间投资的落实措施》	阳政办发〔2023〕92号
12月12日	昆山市交通运输局	《昆山市推进多式联运发展优化调整运输结构行动方案（2023—2025年）》	昆交〔2023〕159号
12月12日	杭州市新能源汽车基础设施建设推进小组办公室	《关于组织申报2023年新能源汽车公用充电设施建设运营财政补贴的通知》	—
12月14日	上海市人民政府办公厅	《上海市鼓励购买和使用新能源汽车实施办法》	沪府办规〔2023〕25号
12月14日	湖南省发展和改革委员会	《湖南省进一步构建高质量充电基础设施体系的实施意见》	湘发改能源规〔2023〕848号
12月14日	阳泉市人民政府办公室	《阳泉市电动汽车充（换）电基础设施建设运营管理办法（试行）》	阳政办发〔2023〕95号
12月14日	柳州市人民政府办公室	《柳州市进一步构建高质量充电基础设施体系打造新能源汽车推广应用"升级版"实施方案（2023—2025年）》	柳政办〔2023〕69号

（续）

时间	发布单位	政策名称	文件号
12月18日	广西壮族自治区人民政府办公厅	《广西进一步构建高质量充电基础设施体系实施方案》	桂政办发〔2023〕85号
12月18日	株洲市发展和改革委员会办公室	《株洲市能源领域碳达峰实施方案》	株发改〔2023〕168号
12月20日	云南省发展和改革委员会、云南省能源局	《进一步构建高质量充电基础设施体系实施意见》	云能源电力〔2023〕326号
12月20日	广州市发展和改革委员会、广州市工业和信息化局	《广州市汽车产业中长期发展规划（2023—2035年）》	一
12月21日	珠海市发展和改革局	《珠海市电动汽车充电基础设施安全管理办法》	珠发改〔2023〕25号
12月25日	湖南省人民政府办公厅	《湖南省新型电力系统发展规划纲要》	湘政办发〔2023〕52号
12月26日	山东省人民政府	《山东省新能源汽车产业高质量发展行动计划》	鲁政字〔2023〕236号
12月26日	丽水市人民政府办公室	《关于支持丽水市电力高质量发展的若干意见》	丽政办发〔2023〕70号
12月26日	丽水市人民政府办公室	《丽水市完善高质量充电基础设施网络体系促进新能源汽车下乡实施方案（2023—2025年）》	丽政办发〔2023〕71号
12月27日	茂名市人民政府办公室	《茂名市进一步提振和扩大消费若干措施》	茂府办函〔2023〕120号
12月29日	临沂市人民政府	《临沂市碳达峰工作方案》	临政字〔2023〕136号
12月29日	河北省人民政府办公厅	《关于进一步鼓励和支持重点行业企业环保绩效创A的若干措施》	冀政办字〔2023〕140号

附录 B　2024 年 1—9 月主要充换电相关政策

附表 B-1　2024 年 1—9 月主要充换电相关政策目录

时间	发布单位	政策名称	文件号
1 月 1 日	中共中央、国务院	《关于学习运用"千村示范、万村整治"工程经验有力有效推进乡村全面振兴的意见》	中发〔2024〕1 号
1 月 19 日	攀枝花市人民政府	《攀枝花市碳达峰实施方案》	攀府发〔2024〕1 号
1 月 20 日	浙江省人民政府	《进一步推动经济高质量发展若干政策》	浙政发〔2024〕4 号
1 月 21 日	内蒙古自治区人民政府办公厅	《内蒙古自治区 2024 年坚持稳中求进以进促稳推动产业高质量发展政策清单》	内政发〔2024〕6 号
1 月 24 日	甘肃省人民政府办公厅	《关于支持陇南市创建"两山"实践创新基地助推经济社会高质量发展的意见》	甘政办发〔2024〕7 号
1 月 29 日	北京市发展和改革委员会、北京市机关事务管理局、北京市住房和城乡建设委员会、北京市经济和信息化局、北京市城市管理委员会、中共北京市委宣传部、北京市商务局、北京市交通委员会、北京市教育委员会、北京市市场监督管理局、北京市人民政府国有资产监督管理委员会、中共北京市委网络安全和信息化委员会办公室	《北京市进一步强化节能实施方案（2024 年版）》	京发改〔2024〕182 号
1 月 30 日	广东省能源局	《2024 年电动汽车充电基础设施建设任务》	—

（续）

时间	发布单位	政策名称	文件号
1月30日	交通运输部	《关于国家电力投资集团有限公司开展重卡换电站建设组网与运营示范等交通强国建设试点工作的意见》	交规划函〔2024〕55号
2月1日	海南省发展和改革委员会	《关于抓好2024年电动汽车充换电基础设施建设管理工作的函》	—
2月1日	成都市发展和改革委员会	《关于成都市2023年国民经济和社会发展计划执行情况及2024年国民经济和社会发展计划草案的报告（书面）》	—
2月6日	湖南省交通运输厅	《湖南省高速公路服务区设计建设指导意见》	湘交基建〔2024〕21号
2月6日	浙江省发展和改革委员会	《2024年浙江省扩大有效投资政策》	—
2月6日	国家发展和改革委员会、国家能源局	《关于新形势下配电网高质量发展的指导意见》	发改能源〔2024〕187号
2月7日	吉林省人民政府办公厅	《吉林省进一步构建高质量充换电基础设施体系的实施方案》	吉政办发〔2024〕3号
2月7日	深圳市发展和改革委员会	《关于进一步规范新能源汽车充换电设施管理的通知》	—
2月8日	安徽省人民政府	《关于巩固和增强经济回升向好态势若干政策举措的通知》	皖政〔2024〕12号
2月8日	广东省发展和改革委员会、广东省科学技术厅、广东省工业和信息化厅	《广东省培育发展未来绿色低碳产业集群行动计划》	粤发改资环〔2024〕53号

时间	发布单位	文件	文号
2月18日	杭州市人民政府	《关于进一步推动经济高质量发展的若干政策》	杭政函〔2024〕16号
2月22日	上海市发展和改革委员会、上海市经济和信息化委员会、上海市财政局、中国（上海）自由贸易试验区临港新片区管理委员会、上海虹桥国际中央商务区管理委员会	《关于上海市新型基础设施建设项目贴息管理指导意见（2024年版）的通知》	沪发改规范〔2024〕3号
2月28日	国家发展和改革委员会、北京市人民政府	《北京城市副中心建设国家绿色发展示范区实施方案》	发改环资〔2024〕241号
2月29日	湖北省人民政府办公厅	《湖北长江高水平保护十大提质增效行动方案》	鄂政办发〔2024〕9号
3月8日	福建省发展和改革委员会	《加快构建福建省高质量充电基础设施体系实施方案》	闽发改规〔2024〕5号
3月11日	安徽省交通运输厅、安徽省发展和改革委员会、安徽省公安厅、安徽省财政厅、安徽省人力资源和社会保障厅、安徽省自然资源厅、国家金融监督管理总局安徽监管局、中国证券监督管理委员会安徽监管局、安徽省总工会	《关于推进城市公共交通健康可持续发展的实施意见》	皖交运〔2024〕39号
3月18日	北京市交通委员会	《2024年北京市交通综合治理行动计划》	—
3月18日	国家能源局	《2024年能源工作指导意见》	国能发规划〔2024〕22号
3月19日	广西壮族自治区人民政府办公厅	《关于加快推进汽车客运站转型发展的实施意见》	桂政办发〔2024〕17号
3月22日	交通运输部办公厅	《2024年交通运输更贴近民生实事》	—

（续）

时间	发布单位	政策名称	文件号
3月27日	湖北省发展和改革委员会	《关于完善工商业分时电价机制有关事项的通知》	鄂发改价管〔2024〕77号
3月28日	青岛市人民政府办公厅	《数字青岛2024年行动方案》	青政协字〔2024〕9号
3月30日	重庆市人民政府办公厅	《关于重庆市新能源汽车便捷超充行动计划（2024—2025年）》	渝府办发〔2024〕29号
4月6日	广东省人民政府	《广东省推动大规模设备更新和消费品以旧换新的实施方案》	粤府〔2024〕27号
4月9日	财政部、工业和信息化部、交通运输部	《关于开展县域充换电设施补短板试点工作的通知》	财建〔2024〕57号
4月11日	湖南省人民政府	《湖南省推动大规模设备更新和消费品以旧换新实施方案》	湘政发〔2024〕5号
4月16日	天津市人民政府	《天津市推动大规模设备更新和消费品以旧换新实施方案》	津政发〔2024〕7号
4月17日	河北省人民政府	《河北省空气质量持续改善行动计划实施方案》	冀政发〔2024〕4号
4月18日	甘肃省人民政府	《关于推动大规模设备更新和消费品以旧换新的实施方案》	甘政发〔2024〕22号
4月22日	广州市人民政府	《广州市推动大规模设备更新和消费品以旧换新实施方案》	穗府〔2024〕4号
4月27日	北京市人民政府	《北京市积极推动大规模设备更新和消费品以旧换新行动方案》	京政发〔2024〕14号

时间	发布机构	文件名称	文号
4月28日	海南省人民政府办公厅	《海南省大规模设备更新和消费品以旧换新实施方案》	琼府〔2024〕15号
4月28日	青海省人民政府	《青海省推动大规模设备更新和消费品以旧换新实施方案》	青政〔2024〕23号
4月29日	江西省人民政府	《江西省推动大规模设备更新和消费品以旧换新实施方案》	赣府发〔2024〕9号
4月29日	辽宁省交通运输厅	《关于加快推进出租汽车电动化推广工作的指导意见》	辽交服务规〔2024〕14号
4月30日	深圳市人民政府	《深圳市推动大规模设备更新和消费品以旧换新行动方案》	深府〔2024〕32号
5月3日	云南省人民政府	《推动大规模设备更新和消费品以旧换新实施方案》	云政发〔2024〕16号
5月6日	江苏省人民政府	《江苏省推动大规模设备更新和消费品以旧换新行动方案》	苏政发〔2024〕41号
5月7日	宁夏回族自治区商务厅、宁夏回族自治区发展和改革委员会、宁夏回族自治区工业和信息化厅、宁夏回族自治区公安厅、宁夏回族自治区民政厅、宁夏回族自治区财政厅、宁夏回族自治区自然资源厅、宁夏回族自治区生态环境厅、宁夏回族自治区住房和城乡建设厅、宁夏回族自治区交通运输厅、宁夏回族自治区农业农村厅、宁夏回族自治区文化和旅游厅、宁夏回族自治区市场监督管理厅、中华人民共和国银川海关、国家税务总局宁夏回族自治区税务局、中国人民银行宁夏回族自治区分行、国家金融监督管理总局宁夏监管局	《宁夏回族自治区推动消费品以旧换新实施方案》	宁商发〔2024〕20号

（续）

时间	发布单位	政策名称	文件号
5月8日	南京市人民政府	《南京市推动大规模设备更新和消费品以旧换新实施方案》	宁政发〔2024〕36号
5月15日	海南省人民政府办公厅	《海南省空气质量持续改善行动实施方案（2024—2025年）》	琼府办函〔2024〕71号
5月28日	新疆维吾尔自治区人民政府	《新疆维吾尔自治区推进交通运输大规模设备更新工作实施方案》	新政发〔2024〕27号
5月31日	交通运输部、国家发展和改革委员会、工业和信息化部、公安部、财政部、生态环境部、商务部、中国人民银行、市场监督管理总局、金融监管总局、国家能源局、国家邮政局	《交通运输大规模设备更新行动方案》	交规划发〔2024〕62号
6月17日	广州市商务局	《广州市推动消费品以旧换新行动方案》	—
6月23日	四川省人民政府办公厅	《四川省充电基础设施发展规划（2024—2030年）》	川办发〔2024〕30号
7月24日	国家发展和改革委员会、财政部	《关于加力支持大规模设备更新和消费品以旧换新的若干措施》	发改环资〔2024〕1104号
7月25日	国家发展和改革委员会、国家能源局、国家数据局	《加快构建新型电力系统行动方案（2024—2027年）》	发改能源〔2024〕1128号
7月31日	江西省交通运输厅、江西省发展和改革委员会、江西省工业和信息化厅、江西省公安厅、江西省财政厅、江西省生态环境厅、江西省商务厅、江西省市场监督管理局、江西省地方金融管理局、江西省邮政管理局、中国人民银行江西省分行	《江西省交通运输领域大规模设备更新行动方案》	赣交规划字〔2024〕28号

日期	发布单位	文件名称	文号
7月31日	中共中央、国务院	《关于加快经济社会发展全面绿色转型的意见》	—
8月2日	国家能源局	《配电网高质量发展行动实施方案（2024—2027年）》	国能发电力〔2024〕59号
8月3日	国家发展和改革委员会办公厅、国家能源局综合司	《能源重点领域大规模设备更新实施方案》	发改办能源〔2024〕687号
8月12日	交通运输部办公厅	《农村客货邮运营服务指南（试行）》	交办运函〔2024〕1574号
8月14日	北京市发展和改革委员会、北京市城市管理委员会	《本市加快推进新能源汽车超级充电站建设实施方案》	京发改〔2024〕1206号
8月22日	上海市人民政府	《上海市加快推进绿色低碳转型行动方案（2024—2027年）》	沪府发〔2024〕8号
8月23日	国家发展和改革委员会办公厅、国家能源局综合司、工业和信息化部办公厅、市场监管总局办公厅	《推动车网互动规模化应用试点工作的通知》	发改办能源〔2024〕718号
8月29日	国家能源局	《中国的能源转型》	—
8月30日	云南省交通运输厅、云南省发展和改革委员会、云南省公安厅、云南省商务厅、云南省工业和信息化厅、云南省生态环境厅、云南省市场监督管理局、国家税务总局云南省税务局	《2024年云南省加力支持交通运输大规模设备更新实施方案》	—
9月5日	福建省发展和改革委员会、福建省财政厅	《福建省加力支持消费品以旧换新实施方案》	闽发改规〔2024〕15号

（续）

时间	发布单位	政策名称	文件号
9月6日	内蒙古自治区交通运输厅、内蒙古自治区发展和改革委、内蒙古自治区工业和信息化厅、内蒙古自治区公安厅、内蒙古自治区财政厅、内蒙古自治区生态环境厅、内蒙古自治区商务厅、内蒙古自治区市场监督管理局、内蒙古自治区能源局、中国人民银行内蒙古自治区分行、国家金融监督管理总局内蒙古监管局、内蒙古自治区邮政管理局	《内蒙古自治区交通运输大规模设备更新工作实施方案》	内政发〔2024〕24号
9月6日	吉林省发展和改革委员会、吉林省财政厅	《吉林省加力支持大规模设备更新和消费品以旧换新实施方案》	吉发改环资联〔2024〕550号
9月6日	上海市发展和改革委员会、上海市经济和信息化委员会、上海市商务委员会、上海市公安局	《关于贯彻促进消费品以旧换新部署 进一步支持本市新能源汽车以旧换新有关工作的通知》	沪发改产〔2024〕27号
9月9日	黑龙江省发展和改革委员会、黑龙江省财政厅	《黑龙江省超长期特别国债资金支持设备更新和消费品以旧换新实施方案》	黑发改环资规〔2024〕2号
9月10日	天津市人民政府办公厅	《天津市加力支持消费品以旧换新工作实施方案》	津政办规〔2024〕8号
9月10日	河南省商务厅、河南省工业和信息化厅、河南省公安厅、河南省财政厅、河南省生态环境厅、河南省市场监督管理局、国家税务总局河南省税务局	《河南省汽车置换更新补贴实施细则》	豫商运〔2024〕34号
9月11日	国家发展和改革委员会办公厅	《关于组织申报第二批绿色低碳先进技术示范项目的通知》	发改办环资〔2024〕759号

日期	发布单位	文件名称	文号
9月14日	河北省商务厅、河北省财政厅、河北省发展和改革委员会、河北省工业和信息化厅、河北省公安厅、河北省生态环境厅、国家税务总局河北省税务局	《河北省2024年进一步推动汽车以旧换新工作方案》	商消费函〔2024〕392号
9月20日	上海市发展和改革委员会、上海市财政局	《上海市加力支持汽车以旧换新补贴政策实施细则（新能源）》	沪发改规范〔2024〕10号
9月20日	河南省交通运输厅、河南省发展和改革委员会、河南省科技厅、河南省工业和信息化厅、河南省公安厅、河南省财政厅、河南省自然资源厅、河南省生态环境厅、河南省住房城乡建设厅、河南省商务厅、河南省应急管理厅、河南省市场监管局、河南省邮政管理局、国网河南省电力公司、中国人民银行河南省分行、中国铁路郑州局集团有限公司	《河南省推动交通运输领域设备更新实施方案》	—
9月23日	黑龙江省交通运输厅、黑龙江省财政厅	《黑龙江省新能源城市公交车及动力电池更新补贴实施细则》	黑交发〔2024〕297号
9月24日	福建省交通运输厅、福建省发展和改革委员会、福建省财政厅	《福建省新能源城市公交车及动力电池更新补贴实施细则》	闽交〔2024〕7号
9月26日	山西省商务厅、山西省发展和改革委员会、山西省财政厅	《关于汽车置换更新有关工作的补充通知》	晋商消费函〔2024〕353号
9月27日	深圳市市场监督管理局	《深圳市新能源汽车充电设施收费明码标价合规指引（公开征求意见稿）》	深市监告〔2024〕159号
9月29日	重庆市交通运输委员会、重庆市财政局	《重庆市新能源城市公交车及动力电池更新补贴实施细则》	渝交发〔2024〕33号

附录C 截至2024年9月公共充电基础设施分区域统计数据

附表C-1 截至2024年9月各省省级行政区域公共类充电桩数量排名

（单位：台）

排名	省级行政区域	合计	交流充电桩数量	直流充电桩数量	交直流充电桩数量	公用充电桩数量	专用充电桩数量
1	广东省	633711	426521	206989	201	553169	80542
2	江苏省	274218	154957	119260	1	222289	51929
3	浙江省	268372	140673	127698	1	206055	62317
4	上海市	205904	142217	63408	279	152503	53401
5	北京市	180779	73846	106933	0	125602	55177
6	湖北省	163177	110629	52547	1	116268	46909
7	山东省	149459	100414	49041	4	114732	34727
8	安徽省	140879	91628	49239	12	88450	52429
9	河南省	148581	70582	77999	0	122623	25958
10	福建省	140989	52896	88093	0	112791	28198
11	四川省	110584	52690	57894	0	85488	25096
12	河北省	86658	60301	26339	18	54935	31723
13	陕西省	98374	33904	64470	0	65520	32854
14	天津市	79432	33295	46137	0	58870	20562
15	湖南省	71830	40292	31538	0	63259	8571
16	重庆市	71472	29857	41615	0	56174	15298

序号	省份					
17	山西省	69901	36821	33080	0	49580	20321
18	广西壮族自治区	65178	28972	36206	0	56949	8229
19	云南省	65524	23900	41624	0	52083	13441
20	海南省	53987	34904	19083	0	47267	6720
21	江西省	52538	22271	30249	18	42881	9657
22	贵州省	46740	13692	33048	0	40887	5853
23	辽宁省	28976	9570	19406	0	19862	9114
24	黑龙江省	28352	12714	15638	0	18927	9425
25	甘肃省	20116	5217	14899	0	15169	4947
26	内蒙古自治区	16099	4860	11239	0	9337	6762
27	吉林省	22837	8158	14678	1	20070	2767
28	新疆维吾尔自治区	15480	2894	12586	0	9947	5533
29	宁夏回族自治区	8070	3464	4606	0	6971	1099
30	青海省	5335	1840	3495	0	3813	1522
31	澳门特别行政区	2518	2213	305	0	2518	0
32	西藏自治区	1983	787	1196	0	1827	156
33	香港特别行政区	517	426	91	0	478	39
34	台湾省（未统计）	—	—	—	—	—	—
	总计	3328570	1827405	1500629	536	2597294	731276

附录 D　截至 2024 年 9 月随车充电桩分区域统计数据

附表 D-1　截至 2024 年 9 月各省份随车充电桩数量统计

省份	随车充电桩数量 / 台
北京市	384119
天津市	219234
河北省	352418
山西省	165374
内蒙古自治区	96993
辽宁省	170590
吉林省	68811
黑龙江省	56680
上海市	529020
江苏省	656036
浙江省	683623
安徽省	290200
福建省	167952
江西省	156046
山东省	558212
河南省	518578
湖北省	272538
湖南省	239919
广东省	1100426
广西壮族自治区	176555
海南省	92326
重庆市	160504
四川省	331016
贵州省	112460
云南省	111823

（续）

省份	随车充电桩数量 / 台
西藏自治区	3481
陕西省	260069
甘肃省	49705
青海省	10596
宁夏回族自治区	35235
新疆维吾尔自治区	73822

注：由于统计口径原因，本数据不包含港澳台地区。